立人天地

# 与
# 奥斯卡·王尔德 对话

[美]玛丽亚·利奇 编

王丹 栾惠婷 译

黑龙江出版集团
黑龙江教育出版社

版权登记号：08-2016-091

图书在版编目（CIP）数据

与奥斯卡·王尔德对话 /（美）玛丽亚·利奇
（Maria Leach）编；王丹，栾惠婷译. — 哈尔滨：黑
龙江教育出版社，2016.11
ISBN 978-7-5316-9035-1

Ⅰ. ①与… Ⅱ. ①玛… ②王… ③栾… Ⅲ. ①散文集
– 英国 – 近代 Ⅳ. ① I561.64

中国版本图书馆 CIP 数据核字（2016）第 305651 号

*The Wicked Wit of Oscar Wilde* by Maria Leach
Copyright © Michael O'Mara Books Limited 1997, 2000, 2010
Simplified Chinese edition copyright © 2016 by Heilongjiang Education Publishing House
Simplified Chinese rights arranged through CA-LINK International LLC
ALL RIGHTS RESERVED

## 与奥斯卡·王尔德对话
### YU AOSIKA · WANGERDE DUIHUA

| | |
|---|---|
| 作　　者 | [美] 玛丽亚·利奇 编 |
| 译　　者 | 王丹　栾惠婷 译 |
| 选题策划 | 王毅 |
| 责任编辑 | 宋舒白　张培培 |
| 装帧设计 | Amber Design 琥珀视觉 |
| 责任校对 | 徐领弟 |

| | |
|---|---|
| 出版发行 | 黑龙江教育出版社（哈尔滨市南岗区花园街158号） |
| 印　　刷 | 三河市华东印刷有限公司 |
| 新浪微博 | http://weibo.com/longjiaoshe |
| 公众微信 | heilongjiangjiaoyu |
| 天猫店 | https://hljjycbsts.tmall.com |
| E-mail | heilongjiangjiaoyu@126.com |
| 电　　话 | 010—64187564 |

| | |
|---|---|
| 开　　本 | 880×1230　1/32 |
| 印　　张 | 6.5 |
| 字　　数 | 100 千 |
| 版　　次 | 2021 年 1 月第 1 版第 2 次印刷 |
| 书　　号 | ISBN 978-7-5316-9035-1 |
| 定　　价 | 34.00 元 |

如果和文人墨客在一起，
我搜肠刮肚得来一句妙语，
也从不期待能坐享美誉，
众人皆认为王尔德已说过此句。

——多萝西·帕克（Dorothy Parker）

# 目 录
CONTENTS

| | |
|---|---|
| 序 | 1 |
| 长者为先 | 1 |
| 最后的浪漫 | 11 |
| 文明社会 | 27 |
| 一个能言善辩的傻瓜 | 39 |
| 游学旅行 | 51 |
| 纯粹的乡村生活 | 65 |
| 相对价值观 | 73 |
| 最漂亮的玩物 | 83 |
| 一些有用的职业 | 95 |
| 不健全的艺术 | 105 |
| 二流的十四行诗 | 123 |

| | |
|---|---|
| 毯子和煤 | 143 |
| 罪恶与玩世不恭 | 157 |
| 提高谈吐 | 177 |
| | |
| 奥斯卡·王尔德生平大事年表 | 185 |
| 奥斯卡·王尔德作品一览表 | 191 |
| 作者简介 | 194 |

# 序

21世纪的第一年是奥斯卡·王尔德（Oscar Wilde）去世一百周年，这位风趣的爱尔兰作家、社会名流是英国文学史上最杰出的人物之一。然而，在他死后的几年里，他永垂青史的机会却似乎被永久地粉碎了，这是值得思索的。

引发这场吞噬奥斯卡·王尔德灾祸的导火索本身是无害的，只是一张简单的拜访卡而已。然而，那上面潦草地写着"致奥斯卡·王尔德——装腔作势的鸡奸者"。这条生硬且言辞激烈的信息出自一位脾气暴躁的贵族——约翰·肖尔托·道格拉斯（John Sholto Douglas）之手，第八代昆斯伯里（Queensberry）侯爵。王尔德当时声名鼎盛，正在享受成功的喜悦。当侯爵把卡片寄给在俱乐部的王尔德时，他希望能刺激到这位作家，使其做出一些愚蠢的举动或发表一些愚蠢的言论。

侯爵的动机是很明确的，他希望断绝他的小儿子——阿尔弗莱德·道格拉斯（Alfred Douglas）勋爵与比其大十六岁的王尔德的关系。这段友谊对王尔德来说意味着一切，他给"波西"（Bosie）[①]·道格拉斯大量的礼物、金钱、信件和建议。然而，对于波西的父亲来说，那意味着不道德的罪恶和纯真的堕落。而进一步激怒他的则是，他为停止这段关系所做的努力，不仅遭到儿子的拒绝，还遭到其强烈的鄙视。在他看来，被年轻人鄙视是件很耻辱的事情，因此这也使他觉得波西这段不合时宜的友情更加不光彩。

收到这张拜访卡是种公开的羞辱，王尔德无法置之不理。在《认真的重要性》（*The Importance of Being Earnest*）首场成功演出之夜仅四天之后，他在1895年4月18日收到了昆斯伯里的信息。然而，王尔德不允许任何事情破坏该剧的成功。

在波西的敦促下，他立即对侯爵的诽谤提起刑事诉讼。嗅到了一丝丑闻的味道后，伦敦社交圈都等着看热闹。而结果没

---

[①] 阿尔弗莱德的昵称是"波西"。

# 序

令他们失望，在不利的证据下，王尔德败诉，昆斯伯里被判无罪释放。王尔德的朋友们劝他逃往国外躲避刑事检控。想不通自己的整个世界已支离破碎，王尔德拒绝出逃。没过多久，他被逮捕并被控诉犯严重猥亵罪。

王尔德高调和非传统的生活方式，最重要的是，他的成功，使他在获得朋友的同时也树立了很多敌人。维多利亚时代后期的英国令人震惊，这位剧作家发现，自己曾是社会的宠儿，如今却要从这个顶峰跌落。尽管证据对他不利，在4月26日开庭那天，他仍为自己做出了精彩的辩护，使得陪审团无法做出裁决。之后法庭要求重审，而这次"权威"获胜。1895年5月25日，奥斯卡·王尔德被宣判有罪，并获刑两年劳役。这距离《认真的重要性》首演成功仅三个半月。

在1897年5月被释放的那天夜里，王尔德乘船去了法国。那时，他破了产，离了婚，还与他的孩子们断绝了关系。他永远不会再踏上英国半步了。他化名为塞巴斯蒂安·梅尔莫斯（Sebastian Melmoth），希望能重塑自己的写作生涯。但这段时期他却只有《瑞丁监狱之歌》（*The Ballad of Reading Gaol*）这一部作品，写于法国，1898年在英国匿名发表。在流亡期间，虽然偶尔也有忠诚的朋友来看他，比如罗伯特·罗斯（Robert Ross）和马克斯·比尔博姆（Max Beerbohm），甚至是波西，但是他人生的最后几年却陷入了孤独、自我厌恶、健康状况日益恶化的悲惨境地。1900年11月30日，因为一只耳朵感染而引发了脑膜炎，王尔德就这样穷困潦倒、愤懑、心灰意冷而又孤独地死去了，终年四十六岁。

很少有作家会如此迅速地沦落到此等境地。审判过后，王尔德的戏剧不再上演，作品也不再印制。他被维多利亚时代后期的虔诚重重击垮，又被污蔑为世纪末最可耻的堕落典范，作为文学奇才的他很可能就变得默默无闻了。然而没过多久，人们赫然发现，没有了他，不仅戏剧界，而且整个文学界以及上流社会都变得暗淡无光。渐渐地，他的戏剧开始重登舞台，他的小说和其他作品也开始重新印制。人们也逐渐想起了他翩翩的风度，最重要的是想起了他连珠的妙语。去世一百多年之后，王尔德在世界各地仍不断获得新的崇拜者：除了莎士比亚，没有哪位剧作家像王尔德一样，作品被如此广泛地引用，幽默的语句被如此频繁又如此愉快地提起。

去世前不久，他曾手持一杯香槟，对一位朋友说："如果

## 序

我能活到下个世纪,那就不止英国人对我无法容忍了。"如今,一个世纪早已过去,他仍然是英国文学中举足轻重的人物。这可能让人感到意外,因为他的作品篇幅较短,而且大部分都是讽刺性的。他获得如此地位,或许是因为他自身的实力,又或许是因为奥斯卡·王尔德是无师自通的天才,但是他并不仅限于此。重要的是,在唯美主义者的表象下,在构思巧妙的隽语箴言的背后,隐藏着他热情的性格、慷慨的精神、逆境中泰然自若的勇敢,和他对人生以及人性的深刻认知。作为这本新版语录的序,最后一句应该属于王尔德本人:

"我们都身处阴沟,但仍有人仰望星空。"

## 长者为先

三十五岁是个颇具魅力的年龄。伦敦的上流社会,充满了出身高贵的女子,她们选择多年停留在三十五岁。邓布利顿女士就是个典型的例子,据我所知,自从到了四十岁这个年纪,她就一直说自己三十五岁,都已经说了很多年了。

《认真的重要性》(*The Importance of Being Earnest*)

❦

老年人相信一切;中年人怀疑一切;年轻人了解一切。

《年轻人所用的短语及人生哲学》

(*Phrases and Philosophies for the Use of the Young*)

## 长者为先

❦

我喜欢年过七旬的男人,他们总能为一个人奉献毕生的挚爱。

《无足轻重的女人》(*A Woman of No Importance*)

❦

幸福易老。

《理想的丈夫》(*An Ideal Husband*)

❦

美是奇迹中的奇迹。只有肤浅的人才不以貌取人。

《道林·格雷的画像》(*The Picture of Dorian Gray*)

❦

鲁克斯顿(Ruxton)夫人是一位有着鹰钩鼻、穿着过于讲究的四十七岁女人。她总想方设法地败坏自己的名誉。但她实在太过平凡了,所以没人会相信任何不利于她的话,这令她大失所望。

《道林·格雷的画像》

永远不要相信身穿淡紫色衣服的女人,无论她多大年纪。也不要相信过了三十五岁却还喜欢粉丝带的女人。这往往说明她们是有故事的人。

《道林·格雷的画像》

她有着精致的手脚,总是穿着合适的鞋子,戴着漂亮的手套。即使她对所谈话题一无所知,却仍然还能侃侃而谈。

《美国入侵》(*The American Invasion*)

人们总是可以从一个女人的帽子来辨别她是否有回忆。

《无足轻重的女人》

## 长者为先

❦

为了重获我的青春,我愿意做任何事,除了锻炼身体、早起和受人尊敬。

《道林·格雷的画像》

❦

对亚瑟勋爵来说,这一天来得早了些。中年人狡诈的玩世不恭还没有破坏他的本性。

《亚瑟·萨维尔勋爵的罪行》

《Lord Arthur Savile's Caime》

❦

如果不是成长被阻止,没有谁的人生会被毁掉。

《道林·格雷的画像》

❦

可惜呀!人生的教训,只有在它们已变得无用之时,我们才能学得会。

《温夫人的扇子》（*Lady Windermere's Fan*）

❀

现在的年轻人太可怕了。他们对老年人没有一点尊敬。

《温夫人的扇子》

❀

女人不应该把自己的年龄报得太精准，那样显得太计较了……

《认真的重要性》

❀

一个邋邋遢遢的女孩，长着一张典型的英国人的脸，过目即忘。

《道林·格雷的画像》

## 长者为先

❦

我从没见过谁花这么长时间打扮,却没什么效果的。

《认真的重要性》

❦

她是个古怪的女人。她的裙子看起来总像是在盛怒之下设计出来,又在暴风雨中被穿上的。

《道林·格雷的画像》

❦

一个真正制作精良的纽扣眼是艺术与自然间的唯一纽带。

《年轻人所用的短语及人生哲学》

❦

她现在穿得也很暴露……当她穿着漂亮的礼服时,看起来就像一部劣质法国小说的精装本。

《道林·格雷的画像》

你如何看待一个双手粗糙的女孩儿的一切?

《薇拉,或虚无主义者》(*Vera, or The Nihilists*)

现在我只尊重并倾听那些比我年轻很多的人的意见。

《道林·格雷的画像》

人们永远不应该相信会说出自己真实年龄的女人。如果她连这都说了,那么她什么都会说的。

《无足轻重的女人》

所有美好的事物都属于同一时代。

《笔杆子、画笔和毒药》(*Pen, Pencil and Poison*)

## 长者为先

在美国，年轻人总是做好了准备，要把他们无知的全部好处给那些比他们年长的人。

《美国入侵》

我的经验是，人一上了年纪本该知道好坏，结果却什么都不知道了。

《温夫人的扇子》

生活的秘诀就是永远不要有不合时宜的情感。

《无足轻重的女人》

年轻人犹豫表明精神萎靡，而老年人犹豫则表明身体虚弱。

《认真的重要性》

伊林沃思（Illingworth）勋爵：那时我很年轻。我们男人懂生活懂得太早了。

阿巴斯诺特（Arbuthnot）夫人：而我们女人懂得太晚了。这就是男人和女人的区别。

《无足轻重的女人》

# 最后的浪漫

男人总想成为女人的初恋,这是他们笨拙的虚荣。而我们女人对事物有着更敏锐的直觉。我们想成为男人的最后一任情人。

《无足轻重的女人》

世界上没有比已婚女人更忠诚的了。这是已婚男人一无所知的事情。

《温夫人的扇子》

最后的浪漫

❦

至于婚姻,这是他们最有名的习俗之一。美国男人结婚早,美国女人经常结婚,他们在一起是天作之合。

《美国男人》(*The American Man*)

任何恋爱最糟糕的地方就在于它让人变得很不浪漫。

《道林·格雷的画像》

❦

当一个人恋爱的时候,是以欺骗自己开始,而以欺骗别人结束。这就是世人所称的爱情。

《无足轻重的女人》

❦

我身败名裂,他毫发无伤,就是这样。这是男女之间经常发生的故事,平常的故事,平常的结局。女人伤心欲绝,男人重获自由。

《无足轻重的女人》

在伦敦，跟自己丈夫打情骂俏的女人，数量多得令人侧目。这太不好了，简直是公开地自证端庄。

《认真的重要性》

伊林沃思勋爵：女人已经变得太聪明。没有什么能比女人的幽默更能摧毁浪漫了。

阿伦比（Allonby）夫人：男人刚好相反。

《无足轻重的女人》

忠贞的情感生活就像一直理性的生活一样——只是承认失败而已。

《道林·格雷的画像》

### 最后的浪漫

❦

……（她）受制于一个既不怜悯也不同情她的女人。这个女人谁见谁感到羞耻，谁认识谁会堕落。这是夹在丈夫与妻子中间的卑鄙女人。

《温夫人的扇子》

❦

男人结婚是因为累了，女人结婚是因为好奇。最后他们都失望了。

《无足轻重的女人》

❦

我老婆长得很一般，从来没把我衣领的飞边浆好，还不会做饭。

《坎特维尔之鬼》（*The Canterville Ghost*）

❦

王子，你想要新鲜感。让我想想，你已经结过两次婚了，要不，你试着再爱一次吧！

《薇拉，或虚无主义者》

❦

他被这个女人迷住了，吸引了，控制了。如果一个女人想抓牢一个男人，她只需吸引他最坏的一面就可以了。

《温夫人的扇子》

❦

啊，现在人们经常结婚，不是吗？这可是最流行的。

《理想的丈夫》

❦

你好像忘了我已经结婚了。婚姻的魅力之一就是它让欺骗成了夫妻生活中的必需。

《道林·格雷的画像》

## 最后的浪漫

❧

我知道这是大多数女人的命运。她们每个人都可怜地嫁给了某个男人,又因为男人的自私而毁了自己的生活。然而,这种普遍性并没有让痛苦减少分毫。我想我从来没听一个女人笑过,为真正的快乐而笑过。除了一个女人,那是一天夜里在大街上。那个可怜的灵魂,她涂了嘴唇,戴着欢乐的面具走在街上。我不要像她那样笑。我不要,还是死了更好。

《帕都瓦公爵夫人》(*The Duchess of Padua*)

❧

所有男人都是已婚女人的财产。这是已婚女人财产的真正定义。

《无足轻重的女人》

❧

令人生气的是,这些无耻之徒即使没有我们也能非常开心。这就是为什么我认为每个女人都有这样的职责,一刻也不要让他们自己待着,除了这短暂的饭后喘息时间。没有了这段时间,我相信,我们这些可怜的女人绝对会累死的。

《无足轻重的女人》

卡弗沙姆(Caversham)勋爵:如果她真的接受了你,她就是英国最漂亮的傻瓜。

戈林(Goring)勋爵:我就想娶那样的女人。一个十分理智的老婆会让我不到六个月就彻底沦为白痴。

《理想的丈夫》

坦白地说,我不赞成订婚时间太长。这会使人们在结婚前就有机会摸清对方的性格,我认为这绝对是不明智的。

《认真的重要性》

天呢!我可能将要娶她。她对我冷漠得要死。

《温夫人的扇子》

## 最后的浪漫

❦

理想的丈夫?不可能有的。结婚就是错误的。

《无足轻重的女人》

❦

如今,被丈夫的常识给毁掉的婚姻是最多的。

《无足轻重的女人》

❦

不再爱一个人的时候,那个人的情感就总是可笑的。

《道林·格雷的画像》

❦

一切人际关系的纽带,无论是婚姻还是友情,都是交流。

《自深深处》(*De Profundis*)

❦

天啊!男人结婚就毁了!婚姻跟香烟一样令人沮丧,却又比香烟贵得多。

《温夫人的扇子》

啊！我发现当他们是好丈夫的时候就无聊透顶，而不是好丈夫的时候又自大得令人讨厌。

《无足轻重的女人》

你好像没意识到，在婚姻生活里，三人成伴，两人告吹。

《认真的重要性》

在婚姻生活里，当夫妻双方彼此讨厌的时候，感情就来了。

《理想的丈夫》

伦敦充斥着信任丈夫的女人。人们能轻易地认出她们，因为她们看起来十分不高兴。

《温夫人的扇子》

---

普利兹姆（Prism）小姐：已婚男人只对他的老婆有吸引力。

查萨宝（Chasuble）：别人经常告诉我，他甚至对自己老婆也没有什么吸引力了。

《认真的重要性》

---

不合适的婚姻无疑是很多的。二十年的爱情让一个女人看起来像一片废墟；而二十年的婚姻让她变得像公共建筑一样。

《无足轻重的女人》

---

伊林沃思勋爵：生命之书起源于花园里的一个男人和一个女人。

阿伦比夫人：以秘密泄露结束。

《无足轻重的女人》

❀

她的幽默感使她免于热恋的悲剧。而且因为她的爱里既没有浪漫也没有谦逊，所以她成了一位好妻子。

《美国入侵》

❀

我丈夫有点儿像张期票，我讨厌见到他。

《无足轻重的女人》

❀

他很古怪，这我承认。但只是在之后的几年里，那是由于印度的气候、婚姻、消化不良以及其他类似的因素导致的。

《认真的重要性》

❀

婚姻真正的缺点就是它让人变得无私。无私的人是无趣的，他们缺少个性。

《道林·格雷的画像》

爱自己是终生浪漫的起点。

《理想的丈夫》

社会中单身汉的数量极其惊人。就应该通过一项法案来迫使他们在十二个月内结婚。

《无足轻重的女人》

订婚对于一个年轻女孩应该是突如其来的。至于是惊喜还是惊吓，那就要看情况而定了。

《认真的重要性》

忠贞的人只知道爱情琐碎的一面，而只有不忠的人才能了解爱情的不幸。

《道林·格雷的画像》

婚姻的真正基础是相互误解。

《亚瑟·萨维尔勋爵的罪行》

(*Lord Arthur Savile's Crime, and Other Stories*)

爱情真是愚蠢的东西！都没有逻辑的一半有用，因为它证明不了任何东西。而且它总在讲述不会发生的事情，还让人相信不真实的东西。

《夜莺与玫瑰》(*The Nightingale and the Rose*)

一个男人可以愉快地和任何女人相处，只要他不爱她。

《道林·格雷的画像》

无爱的婚姻是可怕的，但有一样东西比无爱的婚姻更可怕，这种东西就是有爱却只有一方爱，忠诚却只有一方忠诚，付出也只有一方付出的婚姻。在这种婚姻里，两颗心中的一颗是注定要破碎的。

《理想的丈夫》

一个人应该永远在恋爱，这就是一个人永远不应该结婚的原因。

《无足轻重的女人》

婚姻这场游戏，还真奇怪。顺便说下，这是一场将要过时的游戏。在这场游戏中，妻子们获得了所有大牌，却总是输掉最后的结局。

《温夫人的扇子》

❦

如今，丈夫在公开场合对妻子献殷勤是最危险的事情，因为这总会让人觉得私下里他会打她。

《温夫人的扇子》

❦

如果一个男人打算一直保持单身，那么他就变成了永远公开的诱惑。

《认真的重要性》

❦

理想的男人应该把我们看作女神来跟我们交流，还应该像对待孩子一样地对待我们。他应该拒绝我们所有严肃认真的请求，而满足我们每一次的心血来潮。他应该鼓励我们的任性，并且阻止我们工作。他永远应该说的比想的多，想的比说的更当真。

《无足轻重的女人》

# 文明社会

啊！我爱伦敦的上流社会！我觉得它进步很大。现在它已经完全由美丽的傻瓜和聪明的疯子组成了。这就是一个上流社会应该有的样子。

*《理想的丈夫》*

现如今，为了进入顶尖的社交圈，一个人要么满足大家、取悦大家，要么就让大家震惊，如此而已！

*《无足轻重的女人》*

❦

现在你快走吧,因为我要跟一些非常无趣的人吃饭,他们不聊八卦,而且我知道如果我现在不睡觉,那吃晚餐的时候我就没法保持清醒了。

《亚瑟·萨维尔勋爵的罪行》

❦

事实上,我们的上流社会的人多得过分。说真的,有人应该安排一个合适的援助移民计划。那会很有帮助的。

《理想的丈夫》

❦

没错,公众非常地宽容。他们原谅一切,除了天才。

《身为艺术家的评论者》(*The Critic As Artist*)

❦

啊!跟女人说话,要像你爱过她一样。而对男人说话,要像他让你厌烦一样。到了你第一个社交季结束的时候,你就会拥有最完美社交技巧的名声。

《无足轻重的女人》

我们生活在这样一个时代,唯一的必需品就是那些无所谓的东西。

《道林·格雷的画像》

我一直喜欢最后才介绍给我认识的人。但一般来说,一旦我了解了他们,我就不喜欢了。

《亚瑟·萨维尔勋爵的罪行》

阿尔杰农(Algernon),永远别说上流社会的坏话。只有进不去那儿的人才那么做。

《认真的重要性》

# 文明社会

❦

卡洛琳（Caroline）夫人：沃斯利（Worsley）小姐，我年轻的时候，一个人是永远不会去结识那些在社会中靠自己谋生的人的，这很不合体统。

赫丝特（Hester）：在美国，那些人才是我们最尊敬的。

卡洛琳夫人：毫无疑问。

《无足轻重的女人》

❦

争论是俗不可耐的，因为上流社会里的每个人观点都是相同的。

《神奇的火箭》（*The Remarkable Rocket*）

❦

社会经常饶恕罪犯，却永远不原谅梦想家。

《身为艺术家的评论者》

❦

想不通你是怎么忍受伦敦上流社会的。它已经越来越糟糕了,一群讨厌的、无用的人谈论着无用的事儿。

《理想的丈夫》

❦

如今的人是如此的肤浅,以至于他们不懂肤浅的人的人生哲学。

《无足轻重的女人》

❦

上流社会里的人的有趣之处就在于他们每个人所戴的面具,而不是面具背后的现实。

《谎言的衰朽》(*The Decay of Lying*)

❦

在每个时代,公众总是在恶劣环境下被培养出来的。

《社会主义下人的灵魂》(*The Soul of Man under Socialism*)

## 文明社会

❦

哦,我觉得切弗利(Cheveley)夫人是我们这个时代现代女性的代表。她觉得一个新八卦就跟一顶新帽子一样合适。而且,她每天下午五点半都会在公园里向大家炫耀这两样东西。

《理想的丈夫》

❦

太新潮了是一件很危险的事情,因为一个人容易突然变得落伍。

《理想的丈夫》

❦

把人分成好人和坏人是很荒谬的。人要么迷人要么无趣。

《温夫人的扇子》

❦

我们生活在一个过度工作却教育不够的时代。这个时代的人们非常地勤奋，以至于他们变成了绝对的傻瓜。

*《身为艺术家的评论者》*

噢！我不在乎伦敦的社交季。所有的活动都跟婚姻有关，大家要么在寻找丈夫，要么就在躲避他们。

*《理想的丈夫》*

在文学中，纯粹的以自我为中心是迷人的。在现实生活中，以自我为中心甚至也是很有吸引力的。人们讨论别人的时候通常都是无聊的，而谈论自己的时候几乎总是有趣的。而且，如果别人听腻的时候他们能闭上嘴就像合上一本看腻了的书一样轻松的话，他们绝对是完美的。

*《身为艺术家的评论者》*

社会的安全在于习惯和无意识的本能，而作为一个健康的

## 文明社会

有机体系,社会稳定的基础在于其成员知识的绝对缺失。

《身为艺术家的评论者》

❀

赫丝特:我讨厌伦敦的晚宴。

阿伦比夫人:我喜欢。聪明人只说不听,笨蛋只听不说。

《无足轻重的女人》

❀

如今,人们习惯了这种方式,在背后说别人坏话,真实的坏话。这太不像话了。

《道林·格雷的画像》

❀

人们从来没听说过他的名字,这就说明了他是个体面人,因为无名即无过。

《无足轻重的女人》

❦

世上只有一件事情比被人议论更糟糕,那就是没有人议论你。

《道林·格雷的画像》

人没有理由向世界展示自己的生活。世界不了解真相。

《自深深处》

❦

之后,他们开车送我去看伟大的监狱!可怜又古怪的人们穿着难看的条纹装在太阳下造砖,看起来都很卑微。这让我感到宽慰。因为我讨厌看到长着高贵面孔的罪犯。

《给海伦娜·西克特的信》(*Letter to Helena Sickert*)

❦

我喜欢有关别人的流言蜚语,但对于我自己的闲话我并不感兴趣，因为它们没有新奇的魅力。

《道林·格雷的画像》

如果你装好人，那么全世界都会对你当真。可要是你装坏人，那就没人把你当回事。这就是乐观主义惊人的愚蠢。

《温夫人的扇子》

一个人越分析别人，就越没有分析的理由。

《谎言的衰朽》

虽然社会自作主张对个人施以令人发指的惩罚。但它有极度肤浅的毛病，无法意识到自己做了什么。

《自深深处》

❦

大多数人其实都是别人，他们的思想是别人的观点，他们的生活是对别人的模仿，他们的热情也是引用的别人的热情。

《自深深处》

❦

好人激怒理智，坏人激发想象。

《道林·格雷的辩护》（*Defence of Dorian Gray*）

（给《圣詹姆斯公报》和其他两份报纸的信件，1890—1891）

❦

我觉得所有有魅力的人都被宠坏了，这就是他们有魅力的秘诀。

《W. H.先生的画像》（*The Portrait of Mr. W. H.*）

# 一个能言善辩的傻瓜

高深的对话，要么是无知的人装模作样，要么就是空洞心灵的宣言。

《身为艺术家的评论者》

我厌烦聪明。如今人人都是聪明人。所到之处遇见的全是聪明人。聪明这东西已经变成了一个十足的社会公害。

《认真的重要性》

## 一个能言善辩的傻瓜

❈

我们生活的年代,书读多了不聪明,思考太多不美丽。

《道林·格雷的画像》

❈

通常,我觉得他们令人无法忍受。天才们总是说得太多,不是吗?真是个坏习惯!而且当我想让他们考虑我时,他们总在考虑自己。

《理想的丈夫》

❈

争吵者损失的只有智商。

《道林·格雷的画像》

❈

我讨厌不懂装懂。无知就像一颗精美的异域水果,一经触碰,花就谢了。

《认真的重要性》

❧

弥补偶尔穿着过分的唯一方法就是一直受到过度的教育。

*《年轻人所用的短语及人生哲学》*

❧

除了愚蠢，没有罪过。

*《身为艺术家的评论者》*

❧

考试中，蠢人问的是聪明人回答不了的问题。

*《年轻人所用的短语及人生哲学》*

❧

但是，我亲爱的欧内斯特（Ernest），坐在一个毕生都在设法教育别人的人旁边，是种多么可怕的经历呀！

*《身为艺术家的评论者》*

## 一个能言善辩的傻瓜

❦

英国人的脑袋总在愤怒。这个民族的智慧都浪费在了那些二流政客或三流神学家可耻和愚蠢的争吵中。

《身为艺术家的评论者》

❦

思考是世上最不健康的东西。人们死于思考就像他们死于其他疾病一样。幸运的是,在英国思考不会传染。

《谎言的衰朽》

❦

然而,我觉得什么都比智商的压力要好,这最让人讨厌了,它会让年轻女孩的鼻子长得如此之大。

《理想的丈夫》

❦

教育是件极好的事情。但是有时我们最好记住,值得了解的东西是没法教的。

《身为艺术家的评论者》

我怕我们会开始被过度教育,起码没学习能力的人已经被送去教别人了,这就是我们的教育热情导致的后果。

《谎言的衰朽》

我喜欢看天才,喜欢听漂亮的人说话。

《理想的丈夫》

我喜欢听自己说话,这是我最大的乐趣之一,我经常自言自语很久,我是如此聪明,以至于有时我完全不知道自己在说什么。

《神奇的火箭》

## 一个能言善辩的傻瓜

❊

书里最高尚的角色就是奥布里(Aubrey)勋爵。因为他不是天才,他在每个场合里自然的表现都让人钦佩。

《维达的新小说》(*Ouida's New Novel*)(评论)

《吉德罗》(*Guilderoy*)

❊

我彻底厌倦了珍珠,它们让人看起来太朴实、太美好、太理智。

《理想的丈夫》

❊

恐怕你听过比你年长人的谈话,那是件危险的事情。如果你任由其沦为一种习惯,那么你会发现,它对任何智力发展都绝对是致命的。

《身为艺术家的评论者》

❦

大家说校长出国了，但愿这是真的。

*《身为艺术家的评论者》*

❦

厌烦了那些人无趣而又说教性的对话。他们既没有高超的才智，也没有浪漫的天分。

*《谎言的衰朽》*

❦

为了年轻人的进步而撒谎是家庭教育的基础，这种现象仍然存在于我们之中。

*《谎言的衰朽》*

❦

整个现代教育理论都是站不住脚的。幸运的是，在英国不论怎样，教育都不会有任何成效。如果有成效的话，上

## 一个能言善辩的傻瓜

流社会可就惨了,并且还有可能导致格罗夫纳广场的暴乱行为。

《认真的重要性》

我们都尽力地过度教育自己。在疯狂的生存斗争中,我们想拥有持久的东西。因此,我们把大脑塞满了垃圾和事实,愚蠢地希望着能保住自己的地盘。

《道林·格雷的画像》

我能忍受蛮力,但实在是忍受不了蛮理。用蛮理是不公平的,这是对智力的暗算。

《道林·格雷的画像》

智慧不是严肃的东西,从来就不是,它只是人们加以利用的一种工具,仅此而已。我知道的唯一一种严肃的智慧形式是英国知识分子，而文盲在他们身上敲鼓。

《无足轻重的女人》

❦

上校：她能读写吗？

彼得（Peter）：是的，她可以，先生。

上校：那么她是一个危险的女人。任何农民都不应该做这样的事情。

《薇拉，或虚无主义者》

❦

正如慈善家是道德领域的伪君子一样，知识分子圈的公害是那些常忙于教育别人，却从来没空教育自己的人。

《身为艺术家的评论者》

❦

我们教人们如何记忆，却从未教他们如何成长。

《身为艺术家的评论者》

## 一个能言善辩的傻瓜

❦

我喜欢简单的快乐,它们是复杂最后的避难所。

*《无足轻重的女人》*

❦

考验毫无价值。如果一个男人是位正人君子,那他懂得足够多,经得住考验。但如果他不是位正人君子,那么无论他知道什么都是徒劳。

*《无足轻重的女人》*

❦

记住,神眼中的傻瓜和人眼中的傻瓜是不同的。

*《自深深处》*

❦

这个男人只是一个非常诚实的骗子。他把生活的商品吹嘘得天花乱坠,把他认为最廉价的卖到最贵。言语世界中浮夸的争论者。我从来没见过如此能言善辩的傻瓜。

《一段佛罗伦萨的悲剧》(*A Florentine Tragedy*)

(未完成的戏剧)

❦

但那时,没有哪位艺术家在庸俗的人身上期待优雅,在城郊知识分子身上期待风格。

《社会主义下人的灵魂》

❦

女人们已经受到了如此良好的教育,以至于如今没有什么能让我们惊讶了,除了快乐的婚姻。

《无足轻重的女人》

# 游学旅行

美国最古老的传统就是年轻,这个传统至今已有三百年了。听美国人讲话,人们会觉得他们处于幼儿期。而就文明程度而言,他们也就处于儿童期。

《无足轻重的女人》

美国女孩儿擅于隐瞒父母,英国女人擅于掩藏过去,就这两方面而言,她们一样聪明。

《道林·格雷的画像》

## 游学旅行

❦

卡洛琳小姐：沃斯利小姐，我听说美国很多东西都没有。他们说没有遗迹、没有奇珍异宝。

阿伦比夫人：胡说八道！他们有母亲和规矩。

《无足轻重的女人》

❦

一个典型的英国男人，总是无趣且常常特别暴躁的。

《理想的丈夫》

❦

如今，我们真的跟美国完全一样了。当然，除了语言。

《坎特维尔之鬼》

❦

莱茵河的确是乏味的，葡萄园古典又无趣。在我看来，德国的居民是美国人。

《给罗伯特·罗斯的信》（*Letter To Robert Ross*）

胡珀（Hopper）先生，你知道吗？亲爱的阿加莎（Agatha）和我对澳大利亚非常感兴趣。可爱的小袋鼠们到处飞跑，一定美极了。

《温夫人的扇子》

英国大众真的承受不了每三个月多于一个话题的精神压力。

《道林·格雷的画像》

如果我们能教会英国人如何说话，教会爱尔兰人如何倾听，那么这儿的社会一定会相当文明的。

《理想的丈夫》

❦

英国乡间绅士疾跑追狐狸。不懂表达的人全力追逐着不能吃的东西。

《无足轻重的女人》

（当然，王尔德是爱尔兰人）

❦

我相信你会从澳大利亚衣锦还乡的。我认为殖民地中没有任何形式的社会，没有什么我能称之为社会。

《道林·格雷的画像》

❦

美国的东西都大得可怕，这能给人们留下深刻的印象，但却不是良好的印象。这个国家似乎是想通过它令人印象深刻的巨大，强迫人们相信它的力量。

《美国印象》

❦

美国小伙子们要么脸色苍白且早熟，要么脸色蜡黄且高傲。但是美国姑娘们却漂亮且迷人。就好像讲究实际的广袤沙漠中一些漂亮而又任性的小绿洲。

《美国印象》

❦

真正住在日本的人跟英国普通人一样。也就是说，他们极其普通，没有任何奇特或不同寻常之处。

《谎言的衰朽》

❦

整体看来，美国女孩很有魅力。也许，她们有魅力的主要秘诀就在于：她们说话从不严肃认真，除了对她们的裁缝。她们做事从不认真思考，除了娱乐活动。然而，她们有个极大的不足——她们的母亲。

《美国入侵》

## 游学旅行

❦

啤酒、《圣经》以及七种致命德行构成了我们的英国。

《道林·格雷的画像》

❦

做土豆有二十种方法,做鸡蛋有三百六十四种方法。然而,英国厨师做到现在只知道三种不是搞砸这个就是搞砸那个的方法。

《评论旺德罗的〈晚餐与菜肴〉》

( Review of 'Wanderer's' Dinners and Dishes )

❦

我不确定外国人是否应该对被邀请会面的人产生喜欢或厌恶之情。

《无足轻重的女人》

❦

美国从来没有完全原谅欧洲。因为历史上欧洲比美国更早被发现。

《美国男人》

❦

多么糟糕的天气！我猜这个古老的国家人口过多，所以没有足够多的好天气分给每个人。我一直觉得移民是英国唯一的出路。

《坎特维尔之鬼》

❦

许多美国女人离开故土时，给人以弱不禁风的印象。她们觉得那是欧式的优雅。

《坎特维尔之鬼》

## 游学旅行

❦

英国人起的地名都非常难听。有个地方的地名太难听,难听得让我拒绝了那儿的演讲。它叫作格里格兹维尔(Grigsville)。

《美国印象》

❦

雀斑在苏格兰家庭就像痛风在英国家庭一样。

《W. H.先生的画像》

❦

有些人会乐于接受通过消灭爱尔兰人的方法来解决爱尔兰问题。

《关于弗劳德先生的蓝皮书》(On Mr Froude's Blue Book)
[评论J. A.弗劳德的《丹伯尼的二首领》(The Two Chiefs of Dunboye)]

❦

美国城市无趣得难以形容。波士顿人对学习的看法太令人遗憾了。文化对于他们是一项成就而不是一种氛围。他们称之为他们"中心"的地方是小偷的天堂。芝加哥是怪物商店,充满着喧闹和乏味。华盛顿的政治生活像是城郊小教堂的政治生活。

《美国入侵》

❦

戴着烟囱帽、穿着托裙腰垫的国家可能已经建造了仓库。但是帕提侬神庙,永远不可能。

《服装与艺术的关系》(*The Relation of Dress to Art*)

❦

阿伦比夫人:亨斯坦顿(Hunstanton)夫人,他们说美国好人死了去巴黎。

亨斯坦顿夫人:真的吗?那坏人呢?

伊林沃思勋爵:哦,他们去美国。

《无足轻重的女人》

## 游学旅行

❦

盐湖城只有两座引人注目的建筑,最主要的一个是神龛（Tabernacle）,形状如汤壶。

《美国印象》

❦

如果在上一个世纪,她（英格兰）坚持尝试统治爱尔兰,而这种坚持因种族仇恨和信仰偏见而加剧,那么在本世纪,她就是企图用愚蠢来统治国家。而这种愚蠢会因好的意图而恶化。

《关于弗劳德先生的蓝皮书》

❦

英国人认为一本支票簿能解决生活中的每个问题。

《理想的丈夫》

❦

我受不了你们英国的宴会。在英国,人们竟然在吃早饭的时候就试着出风头。他们太可怕了！只有无趣的人才在吃早饭的时候出风头。

《理想的丈夫》

因为她妈妈的例子提醒了她——美国女人不能优雅地变老，所以她试着压根不变老，而且经常成功。

《美国入侵》

我相信所有的美国人都会演讲。我觉得这跟他们的气候有关。

《无足轻重的女人》

我对尼亚加拉瀑布（Niagara）很失望，大多数人也一定对它很失望。每个美国新娘到达那里看到那个巨大的瀑布，也一定会对美国式婚姻感到失望。如果这种失望不是最强烈的，那一定是最早的。

《美国印象》

❦

他的一个愿望是让整个欧洲陷入彻底重修之中。

《美国男人》

❦

他是雷南（Renan）先生眼中的庸人，阿诺德（Arnold）先生眼中的中产阶级俗人。电话是他对文明的测试。他最具想象力的乌托邦之梦也不会超越高架铁路和电动门铃。

《美国男人》

# 纯粹的乡村生活

格温德伦(Gwendolen):我不知道乡下还有花。

塞西莉(Cecily):哦,费尔法克斯(Fairfax)小姐,这儿的花就跟伦敦的人一样常见。

《认真的重要性》

这是纯粹的乡村生活。他们起得早是因为有很多事情要做,他们睡得早是因为不用怎么思考。

《道林·格雷的画像》

## 纯粹的乡村生活

❦

在乡村里，任何人都能做好人，那里没有诱惑，这就是为什么住在城镇外的人如此彻底不文明的原因。

《道林·格雷的画像》

❦

但不知怎的，我确信如果我在乡村待六个月，我应该会变得非常不懂世故，那么没人会稍微注意我一下的。

《无足轻重的女人》

❦

当然，自然的初衷很好。但是就像亚里士多德曾经说的那样，它无法实现它们。

《谎言的衰朽》

❦

草很坚挺，会扎人，高低起伏而又潮湿，上面还布满着可怕的黑虫子。哪怕是威廉·莫里斯①（William Morris）最次的工人也能为你做出一把舒适的椅子，比整个自然界做的椅子更好。

《谎言的衰朽》

❧

人们仅能在星期天的英国乡村的房子里才能发现那些极其无趣的娱乐活动。

《道林·格雷的画像》

❧

城镇的人娱乐自己，乡下的人娱乐别人。

《认真的重要性》

❧

如果大自然是舒服的，人类就永远不会创造建筑物。与户

---

① 威廉·莫里斯（William Morris, 1834—1896），英国著名画家和设计师，此处指他与别人合开的一家艺术装修公司。

外相比，我更喜欢房子。

《谎言的衰朽》

❦

艺术展示给我们的是大自然的未经雕琢，她奇妙的自然状态，她不同寻常的单调以及她完全未经润饰的状态。

《谎言的衰朽》

❦

像大多数虚伪的人一样，他爱自然。

《笔杆子、画笔和毒药》

自负本身完全是室内生活的结果，适当的自尊感是很有必要的。到了室外，人就会变得抽象且没有个性。

《谎言的衰朽》

❦

你在城里有房子吧？一个天性单纯、未被宠坏的女孩子，就像格温德伦（Gwendolen）一样，是万万不能住在乡下的。

《认真的重要性》

❧

格温德伦：就我个人来说，即使有人在乡下生活，我也实在想不通怎么会有人能勉强在乡下待着。乡下总让我觉得无聊得要命。

塞西莉：啊！这就是报纸上所说的农村低潮吧，不是吗？我觉得贵族们现在正饱受其害。

《认真的重要性》

❧

至于大自然无穷的变化，那完全是虚构的。在自然界本身中是找不到的，它只存在于人的想象和幻想中，或者是观察者被培养出的盲目性中。

《谎言的衰朽》

❧

伦敦充满着太多的雾以及严肃的人，是雾造就了严肃的人还是严肃的人导致了雾？我不知道。

《温夫人的扇子》

❦

（在伦敦）除了烟囱帽、身挂三明治式广告牌的人和朱红色邮筒，你看不见其他东西，看到这些的时候还要冒着被翠绿色公共汽车撞倒的危险。

《给艺术生的讲座》（*Lecture to Art Students*）

（给皇家学院的学生，1883）

❦

看看现代城市那令人压抑、单调乏味的外观，男人女人们暗淡的服装，无意义又无生气的建筑，和那苍白且令人害怕的周围环境。

《给艺术生的讲座》

❦

能掌控伦敦晚餐桌的男人能掌控世界。

《无足轻重的女人》

# 相对价值观

父亲们是既见不得也听不得的。这是家庭生活唯一的真正基础。

《理想的丈夫》

哦,兄弟!我可不喜欢兄弟。我哥哥不想死,而弟弟们好像从来都一心想死。

《道林·格雷的画像》

## 相对价值观

❦

这样的爱情太可笑了。她身无分文,却有太多亲戚。

《快乐王子》(*The Happy Prince*)

❦

起初孩子们爱父母,后来他们评判父母。极少情况,如果可以的话,他们原谅父母。

《无足轻重的女人》

❦

如今,没人在意远房亲戚,他们在许多年前就过时了。

《亚瑟·萨维尔勋爵的罪行》

❦

一顿晚餐之后人们可以原谅任何人,甚至是他们的亲戚。

《无足轻重的女人》

了解自己的朋友是件很危险的事情。

《神奇的火箭》

我忍不住讨厌我的亲戚们，我想那是因为一个事实：我们都无法忍受跟我们自己有同样缺点的人。

《道林·格雷的画像》

我认为慷慨是友谊的本质。

《忠实的朋友》（The Devoted Friend）

如果一个人不能说出自己的真实想法，那什么才算是友谊的优点呢？任何人都可以说甜言蜜语，试着去讨好和奉承。但是，一个真正的朋友总是忠言逆耳，不在意是否带来痛苦。

《忠实的朋友》

## 相对价值观

❧

欧内斯特（Ernest），我以前好像听过那种说法。它充满了错误，就像老朋友的论调一样无聊乏味。

《身为艺术家的评论者》

❧

亲戚们就是一群讨厌的人，他们不知道如何生活，也完全不知道要死得其所。

《认真的重要性》

❧

我本希望他能娶凯尔索小姐的，但是我想他好像说过她的家族过于庞大，要么就是她的脚太大？我忘了是哪个了。

《无足轻重的女人》

❧

对我而言，家似乎才是男人该管的地方。而男人一旦忽视了他的家庭责任,就会变得女人气,不是吗?我不喜欢那样的男人,那样的男人太有"魅力"了。

《认真的重要性》

❦

女人在家不应该懒散,因为游手好闲会导致不体贴。

《一段佛罗伦萨的悲剧》

❦

她的母亲让人完全无法忍受,从来没见过如此可怕的女人。

《认真的重要性》

❦

只要一个女人看上去比自己女儿小十岁,那她一定会满意的。

《道林·格雷的画像》

❦

伊林沃思勋爵:大家的母亲总是让人感觉无聊,所有的女人都会变得像她们的母亲一样。这是女人的悲剧。

## 相对价值观

阿伦比夫人：但没有男人变得像他们的父亲，这是男人的悲剧。

《无足轻重的女人》

❀

沃辛（Worthing）先生，失去父亲或母亲，可能被当作不幸。但失去双亲，就好像无所谓了。

《认真的重要性》

❀

但是当我觉得他们可能会失去他们唯一的儿子的时候，我的确非常难过。"你当然会了！"孟加拉焰火喊道，"实际上，你是我见过的最难过的人了。"

《神奇的火箭》

❀

我选择朋友是因为他们美丽的外表，选择熟人是因为他们良好的性格，而选择敌人是因为他们的聪明才智。一个人在选择敌人的时候再认真都不为过。

《道林·格雷的画像》

跟刚认识不久的人分别总是痛苦的。没有老朋友人们可以平静地忍受，但是与刚认识的人分别几乎是无法忍受的，即使是短暂的分别。

《认真的重要性》

塔皮（Tuppy），你现在已经没了身材，没了名声，别再丢了涵养，你本来就没多少。

《温夫人的扇子》

我完全不晓得你究竟对什么认真。我猜应该是对所有事情。你的本性就轻浮得很。

《认真的重要性》

### 相对价值观

❦

欢笑根本不是一段友情不好的开端,而是友情最好的结局。

《道林·格雷的画像》

❦

任何人都能同情朋友的痛苦,但是对朋友的成功感同身受却需要善良的本性。

《社会主义下人的灵魂》

❦

我总喜欢了解有关新朋友的一切,但是却不想知道老朋友的任何事情。

《道林·格雷的画像》

❦

我爱听别人骂我亲戚,因为只有这件事能够让我容忍他们。

《认真的重要性》

最漂亮的玩物

你是最漂亮的玩物,最迷人的小浪漫。

《无足轻重的女人》

女人改造男人的唯一方法就是让他彻底厌烦,那么他就会失去所有生活中可能的兴趣。

《道林·格雷的画像》

一个女人能和世界上的任何人打情骂俏,只要有其他人

### 最漂亮的玩物

看着。

《道林·格雷的画像》

❦

昨晚她涂了太多口红,却没穿合适的衣服。这是一个表明女人绝望的迹象。

《理想的丈夫》

❦

她爱炫耀任何东西,除了美貌。

《道林·格雷的画像》

❦

女人,就像一些机智的法国人曾经说过的那样,激发了我们完成杰作的欲望,但是却又总是妨碍我们完成它们。

《道林·格雷的画像》

女人应该是被爱的，而不是被了解的。

《没有秘密的斯芬克斯》（*The Sphinx Without a Secret*）

对待女人唯一的方式就是爱她，如果她漂亮的话，就跟她谈情说爱。如果不漂亮，那就去爱别人。

《认真的重要性》

女人对各种事情有着奇妙的直觉。她们能发现一切，除了明摆的事情。

《理想的丈夫》

像所有肥胖的女人一样，她看起来是一副快乐的样子。

《理想的丈夫》

## 最漂亮的玩物

❧

许多女人都有段过去,但我听说她至少有一打,而且还都能拼凑在一起。

《温夫人的扇子》

❧

我亲爱的玛格丽特(Margaret),跟你丈夫跳舞的女人好美呀!如果我是你的话我一定会很嫉妒的!她是你的好朋友吗?

《温夫人的扇子》

❧

我一直十分欣赏你对红酒和妻子的品位。

《薇拉,或虚无主义者》

❧

普利姆代尔(Plymdale)夫人:那个穿着讲究、正跟温德米尔说话的女人是谁?

邓比(Dumby):完全不知道!看着像一部专供英国市场的法国烂俗小说精装本。

《温夫人的扇子》

❦

只有彻头彻尾的好女人才能做出彻头彻尾的蠢事。

《温夫人的扇子》

❦

女人的历史是世界上已知的最残酷的暴政的历史,是强者对弱者的暴政。

《无足轻重的女人》

❦

女性是个迷人又任性的性别。每个女人都是叛逆者,而且通常都在疯狂地反抗自己。

《无足轻重的女人》

## 最漂亮的玩物

❦

杰克（Jack）：我敢跟你打赌，她们见面半小时后就会互称姐妹了。

阿尔杰农：女人只有在互相攻击够了之后才会那么做。

《认真的重要性》

❦

你永远不要试着去理解她们。女人是画，男人是问题。如果你真想知道一个女人的真实意图，那你就看她怎么做，而不要听她怎么说。顺便说一句，这是件很危险的事儿。

《无足轻重的女人》

❦

这些淡黄色头发的女人脾气非常可怕。

《温夫人的扇子》

❦

恐怕女人最喜欢残酷，彻头彻尾的残酷。她们有着奇妙的原始本能。我们已经解放了她们,但她们仍然是一直在寻找主人的奴隶,她们喜欢被主宰。

《道林·格雷的画像》

哦!坏女人让人心烦,好女人让人厌倦。这就是她们的区别。

《温夫人的扇子》

她的确有很好的能力记住别人的名字然后忘记他们的脸。

《无足轻重的女人》

女人并不欣赏好看的外貌,至少好女人不会。

《道林·格雷的画像》

我们女人喜欢失败,它们依靠我们。

《无足轻重的女人》

## 最漂亮的玩物

❧

有趣的是,长相普通的女人总害怕失去她们的丈夫,而漂亮的女人永远不会。

《无足轻重的女人》

❧

但是好女人的人生观如此受限。她们的眼界如此小,兴趣如此琐碎。

《无足轻重的女人》

❧

她们精于取悦男人的手段,这既是天生的又是教育得来的。而且她们真的能做到讲故事不忘重点,这是在其他国家的女人中极其罕见的成就。

《美国入侵》

❧

女人从不会因为受到恭维而消气,男人却总能。这就是两种性别间的区别。

《理想的丈夫》

❦

哭泣是普通女人的避难所,却是美丽女人的致命伤。

《温夫人的扇子》

❦

对于非常有魅力的女人来说,性别是一种挑战,而不是一种防御。

《理想的丈夫》

❦

永远不要给一个女人任何她晚上穿戴不了的东西。

《理想的丈夫》

❦

她已经有九、十年没碰过小鼓了。但是她有许多其他的娱

### 最漂亮的玩物

乐活动。她对自己的健康非常感兴趣。

《无足轻重的女人》

我认为男人没有很多发展潜力。他已经到他力所能及的地方了,而那并不够远,不是吗?

《理想的丈夫》

我喜欢有未来的男人和有过去的女人。

《道林·格雷的画像》

事实上,男人永远不应该试图支配女人。他们永远不知道如何去做。而当他们这样做的时候,他们总是说出一些特别愚蠢的话。

《认真的重要性》

男人会变老，却从不会变好。

《温夫人的扇子》

年轻人想被人信赖，却不被信赖。老年人想不被信任却不能。

《道林·格雷的画像》

一些有用的职业

现在英格兰有很多年轻人以完美的姿态开始生活,却以一些有用的职业告终。这是很可悲的。

《年轻人所用的短语及人生哲学》

我个人不支持任何类型的勤奋,尤其不支持那些被常人称赞的勤奋。我甚至一直有这样的想法:勤奋只是那些没有任何事可做的人的避难所。

《神奇的火箭》

## 一些有用的职业

❧

谈论自己的事情太没劲了。只有像股票经纪人那样的人才这么做,而且只在晚餐桌上。

《认真的重要性》

❧

事实上,文明需要奴隶。在这方面希腊人做得相当对。如果不是奴隶做了那些不体面的、可怕的和无趣的工作,那么文明和沉思几乎是不可能的。

《社会主义下人的灵魂》

❧

在英国,一个人要是无法在众多平庸且不道德的观众面前,以一位严肃认真的政治家身份,一周两次地谈论道德,那他就完了。作为职业,他会一无所有,只能讲植物学或教堂问题。

《理想的丈夫》

❦

在上议院的我们从来不接触民众意见,这让我们成了一个文明体。

《无足轻重的女人》

❦

他们说一位好律师可以随心所欲地经常性违法,别人还说不出他的不对。

《薇拉,或虚无主义者》

❦

我亲爱的父亲,只有那些看起来无趣的人才进下议院,而只有那些无趣的人才能在那儿待得住。

《理想的丈夫》

❦

体力劳动根本没有尊严可言,大多数的体力劳动绝对是可

## 一些有用的职业

耻的。

《社会主义下人的灵魂》

---

巴兹尔夫人：我喜欢谈论政治，虽然我整天都在谈论着政治，但我却不能忍受听其他人讲政治。我不明白议院里不幸的人们是怎么忍受这些冗长的辩论的。

戈林勋爵：从来不听。

《理想的丈夫》

---

出版商只是一个有用的中间人。

《道林·格雷的辩护》

---

下议院里几乎没有一个人是值得画的，虽然他们中的许多人洗白一点儿会好些。

《道林·格雷的画像》

心碎的她最终进了修道院,要么就是登上了歌剧舞台,是哪一个我忘了。不,我觉得她去干装饰性的刺绣艺术活儿了。我知道她已失去了生活中所有的快乐感。

《理想的丈夫》

英国侦探们真是我们最好的朋友。我总是发现借着他们的愚蠢,我们正好可以做我们喜欢的事情。

《亚瑟·萨维尔勋爵的罪行》

杰克:我亲爱的阿尔杰,你说话的口气就好像你是个牙医似的。一个人明明不是牙医,却以牙医的口气说话,会令人觉得虚伪。

阿尔杰农:噫,牙医就是这样的。

《认真的重要性》

### 一些有用的职业

❦

有一些带倒钩而且明晃晃的箭,以烟火般的绚丽被全速射出。它们射向考古学家,那些终生都在核实小人物的出生地,通过日期或腐蚀的程度来估算一件艺术品价值的人;它们还射向艺术评论家,那些总是把画看作一部小说并试图找出情节的人。

《惠斯勒先生的十点钟》(*Mr Whistler's Ten O'Clock*)

(评论詹姆斯·麦克尼尔·惠斯勒[①]的一篇演讲)

❦

厨子和外交家!极好的对比。如果我要是有个傻儿子,我就让他成为其中之一。

《薇拉,或虚无主义者》

❦

就我自己而言,我唯一期待的永生就是发明一种新酱汁。

《薇拉,或虚无主义者》

---

[①] 詹姆斯·麦克尼尔·惠斯勒(James McNeill Whistler, 1834—1903),美国艺术家。

❦

工业是一切丑恶的根源。

《年轻人所用的短语及人生哲学》

❦

英国的厨子是愚蠢的女人，因为她的罪孽，她应该被变成一个由她从来不会使用的盐堆成的盐柱子。

《评论旺德罗的〈晚餐与菜肴〉》

❦

在舰队街[①]上，为了一个月工资而撒谎是众所周知的。写政论的作家的职业也不是没有优势的。但是，据说那是个有点无趣的职业，而且除了某种含糊其词之外并没有其他意义。

《谎言的衰朽》

---

① 自18世纪开始，英国大小报社纷纷在舰队街（Fleet Street）开馆，最高峰时汇聚了一百多家报社，因此舰队街是英国新闻界的代称。

## 一些有用的职业

❦

现在让我告诉你,什么都不做是世上最困难的事情,最困难也最理智。

《身为艺术家的评论者》

❦

如今的人们应该有份工作。如果我没有欠债的话,我就没什么可想的了。

《无足轻重的女人》

❦

让我向你保证,如果我不是总能进入最好的社交圈,接触最坏的阴谋,那么我永远不会成为俄国总理。

《薇拉,或虚无主义者》

❦

自从他认真从事政治以来,约翰(John)爵士的脾气已经变得令人难以忍受了。说真的,既然下议院都在试着变得有用,那么它的害处也越来越大了。

《理想的丈夫》

❋

我向你保证,如果他们不立刻把约翰送到上议院去,我的生活就会被完全毁掉。那他对政治就不会有任何兴趣了,不是吗?上议院是如此的明智,他们是一群绅士。

《理想的丈夫》

❋

野心是失败最后的避难所。

《年轻人所用的短语及人生哲学》

❋

销售员对自己出售的东西一无所知,除了要价过高以外。

《房屋装修》(*House Decoration*)

# 不健全的艺术

比起其他人的音乐,我更喜欢瓦格纳①的。它如此嘈杂,以至于一个人可以一直说话而其他人却听不到他说了什么。

《道林·格雷的画像》

---

只有拍卖师应该欣赏所有的艺术流派。

《读,不读》
(*To Read, or not to Read*)

---

① 威尔海姆·理查德·瓦格纳(Wilhelm Richard Wagner, 1813—1883),德国作曲家。

## 不健全的艺术

❦

之后他们带我去了一个舞蹈沙龙,在那儿我看见了我碰到过的唯一合理的艺术评论方法。钢琴上方贴了一条公告:不要朝钢琴师开枪,他已经尽力了。

《美国印象》

❦

惠斯勒先生身上看不到一点儿专家的样子。他利用警句的光辉做蚀刻画,用悖论的魅力完成蜡笔画,而他的许多肖像画都是纯虚构的作品。

《蝴蝶的博斯韦尔》(The Butterfly's Boswell)(评论)

❦

英国模特界是一个举止端庄、勤奋刻苦的阶级。如果他们对艺术家比对艺术更感兴趣,而大部分公众也是如此的话,那么我们现代的大多数展品似乎都证明了它的选择。

《伦敦模特》(The London Models)

❧

一个人要么是一件艺术品,要么就穿着艺术品。

《年轻人所用的短语及人生哲学》

❧

通常,演员过着最普通的生活。

《道林·格雷的画像》

❧

发现一位英国戏剧评论家错引了莎士比亚,我们也很遗憾。因为我们一直认为那是特意留给英国演员们的特权。

《伟人的廉价版》(*A Cheap Edition of a Great Man*)

(评论约瑟夫·奈特的《但丁·加百利·罗塞蒂的人生》[①])

---

[①] 《但丁·加百利·罗塞蒂的人生》的书名英文为 *Life of Dante Gabriel Rossetti*。

## 不健全的艺术

❧

在一个丑恶而又理智的时代,艺术不从生活中借鉴,而是从彼此身上借鉴。

《谎言的衰朽》

❧

搞音乐的人是如此的荒谬不讲理。当一个人希望完全耳聋的时候,他们却总想让他成为十足的哑巴。

《理想的丈夫》

❧

不,此刻我不想听音乐。它太含糊了。而且,昨晚我带伯恩斯坦男爵夫人(Baroness Bernstein)去吃晚餐,虽然她其他所有方面都很迷人,但是她坚持要讨论音乐,就好像那音乐是用德文写的一样。

《身为艺术家的评论者》

❋

有些时候，艺术并没有比体力劳动体面多少。

《当模特的百万富翁》（*The Model Millionaire*）

❋

就这方面而言，他（惠斯勒）的确是最伟大的绘画大师之一，这是我的看法。而且我要加一句，惠斯勒先生自己很赞同我这一看法。

《惠斯勒先生的十点钟》（*Mr Whistler's Ten O'Clock*）

❋

艺术家的良心就在他的头脑中。

《当模特的百万富翁》

❋

大多数上了岁数的英国画家把他们邪恶而又虚度了的一生用来在诗人的领地上偷猎。他们以笨拙的手法破坏了诗人的主题，用视觉化的形式或颜色刻意地表现了那些无形的奇妙和不可见的辉煌。

《身为艺术家的评论者》

一个人要是演奏了一首好曲子，人们只说话不听曲。如果演奏的不好，人们又只听不说。

《认真的重要性》

在播放完肖邦作品之后，我觉得我好像在为我从未犯过的罪孽哭泣，而且还为跟我无关的悲剧哀伤。音乐好像总是产生那样的效果。

《身为艺术家的评论者》

无论音乐听起来怎样，我都乐于说它听起来一点儿也不像德语。

《身为艺术家的评论者》

❀

听音乐的时候我从来不说话，至少是听好音乐的时候。如果一个人听到了不好的音乐，那么他有义务将它淹死在谈话中。

《道林·格雷的画像》

❀

平庸衡量平庸，无能为其兄弟喝彩。这就是英国的艺术活动时不时为我们呈现的奇观。

《身为艺术家的评论者》

❀

昨晚在王子大厅，惠斯勒先生首次以讲艺术的演讲者身份出现在公众面前。他讲了一个多小时。用十分绝妙的口才讲述了所有此类演讲的完全无用性。

《惠斯勒先生的十点钟》

### 不健全的艺术

❦

只要一位画家仅仅是画家,他不该被允许谈论除了介质和溶剂油以外的任何事情。而谈论那些话题的时候,他应该被强迫保持沉默。

《惠斯勒先生的十点钟》

❦

家庭美德不是艺术的真正基础,尽管它们可以作为二流艺术家的出色广告。

《身为艺术家的评论者》

❦

她跟大多数艺术家一样,有各种风格却毫无诚意。

《夜莺与玫瑰》

❦

至于弗雷德里克·莱顿(Frederick Leighton)爵士,弗尼斯（Furniss）先生如此善良地给他提供了他作品的样本，除此之外，已经很少能看到他有更多优势了。他的《在劳瑟世外桃源的皮格马利翁和葛拉蒂①》（*Pygmalion and Galatea in the Lowther Arcadia*）拥有全部对蜡娃娃的优雅的处理，这是他最好的作品的特征，很能表现出院长的认真和不懈的努力，去发掘粉笔和色彩的不同。

《皇家学院的溃败》[*The Rout of the R.（oyal）A.（cademy）*]（评论弗雷德里克先生，之后是莱顿勋爵，两位自1878年都当过皇家学院院长）

弗里斯（Frith）先生为了把绘画提升至照片的高贵做了很多事情。他将一个系列的五张图片寄出，这五张图例证了善恶的区别，这是卫道士们从来没能发现的。但是这是伟大的特鲁里街（Drury Lane）情节剧学院（school of melodrama）的真正基础。整个系列就像讲坛上华而不实的陈词滥调，清晰地展示

---

① 葛拉蒂是皮格马利翁创造的美女。

了教学艺术的真正价值。

《皇家学院的溃败》

（跟莱顿一样，威廉·鲍威尔·弗里斯[①]也曾是当时一位受欢迎的传统画家）

❦

艺术家能发现丑陋中的美丽。虽然丑中之美现在是各流派中的寻常之物，是画室里的行话，但是我强烈拒绝为了让某位画家能观察到洋红色软垫上的侧灯和艾伯特蓝窗帘的价值，有魅力的人就应该被宣告要跟房间里的这些物品生活在一起。

《惠斯勒先生的十点钟》

❦

虽然人的道德生活构成了一部分艺术家的选题，但艺术的道德却存在于不完美媒介的完美使用中。

《道林·格雷的画像》

---

[①] 威廉·鲍威尔·弗里斯（William Powell Frith, 1819—1909），英国画家。

❦

糟糕的艺术家总是很欣赏彼此的作品。他们将其称之为心胸广阔,毫无偏见。

*《身为艺术家的评论者》*

❦

艺术中,好的意图不是最没价值的。所有糟糕的艺术都是好意图的产物。

*《自深深处》*

❦

任何人都能把音调演奏得十分准确。虽然音调我演奏得不准,但是我演奏得充满美妙的情感。就弹钢琴而言,投入情感是我的强项。我对生活则保持理智。

*《认真的重要性》*

❦

关于艺术真实地反映自然这一不幸的警句是哈姆雷特从容

## 不健全的艺术

地说出来的。他在艺术方面是完全疯狂的,为了说服对他这种疯狂的旁观者,他说出了这句话。

《谎言的衰朽》

❧

如果一个人做了无用的事情却不欣赏它,我们是可以原谅的。做了无用事情的唯一借口就是有人很赞赏它。所有的艺术都是没什么用处的。

《道林·格雷的画像》

❧

艺术真实反映的是观众,不是生活。

《道林·格雷的画像》

❧

跟惠斯勒先生画布上的烟火同样令人钦佩的是他散文中的烟火,突然、猛烈而且夸张。

《新院长》(*The New President*)

(英国艺术家皇家学会; 1886—1887年惠斯勒是院长)

艺术除了本身不表达任何东西。

《谎言的衰朽》

公众以可悲的固执坚持着一些传统，这些传统直接来自世界粗俗博览会①。这些传统如此可怕，以至于人们住的房子只有盲人才适宜居住。

《社会主义下人的灵魂》

所有糟糕的艺术都来自于回归生活和自然，并把它们提升至理想状态。

《谎言的衰朽》

---

① 世界粗俗博览会原英文为"The Great Exhibition of International Vulgarity"，是对 1851 年在伦敦举办的首届世界工业博览会"The Great Exhibition of the Works of Industry of All Nations"的调侃。

## 不健全的艺术

❧

作为一种手法，现实主义是个彻底的失败。每位艺术家都该避免两件事：形式的现代性和主题的现代性。

《谎言的衰朽》

❧

当一位艺术家注意到他人的需求，并试着满足需求的那一刻，他就不是艺术家了，他变成了一个无趣的人，或是逗趣的手艺人，抑或是诚实或不诚实的商人。

《社会主义下人的灵魂》

❧

特雷弗（Trevor）是位画家，虽然如今几乎每个人都是画家。

《当模特的百万富翁》

❧

艺术是世上已知的最强烈的个人主义模式。

《社会主义下人的灵魂》

先生，一位艺术家根本没有道德上的同情。美德与邪恶对于他来说仅仅是他调色盘里的颜色。

*《道林·格雷的辩护》*

英国民众，作为一个大群体，对艺术品毫无兴趣，除非有人告诉他们所谈论的艺术品有些不道德。

*《道林·格雷的辩护》*

在纽约，甚至是在波士顿，一个好的模特是非常稀有的，以至于大多数的画家都降低标准去画尼亚加拉瀑布和百万富翁了。

*《伦敦模特》*

在这个令人愉快的展览中，我们注意到，在墙上的其他地方，莱斯利和马库斯·斯通的作品拥有那微弱衰退的美，这种美让我们渴望自然主义诚实的丑陋，渴望诗派艺术家作品诚实的丑陋。这些艺术家以为，让一个模特变成理想的样子，其真正途径就是按另外一个模特画肖像。

《皇家学院的溃败》

[乔治·邓洛普·莱斯利（George Dunlop Leslie），英国风俗画家；马库斯·斯通（Marcus Stone），英国风俗画家、作家以及狄更斯[①]和特罗洛普[②]的插画师]

鲍顿（Boughton）先生的《被美国刷子涂以沥青的最新英格兰》（Newest England, Tarred with an American Brush）就像目录中提到的那样，虽然价格高，然而格调却有点低。

《皇家学院的溃败》

（G. H. 鲍顿，出生在英国的美国画家）

---

① 查尔斯·狄更斯（Charles Dickens, 1812—1870），英国现实主义作家。
② 安东尼·特罗洛普（Anthony Trollope, 1815—1882），英国作家。

❦

惠斯勒先生拼写"艺术"这个单词的时候总爱拼个大写的"I"，我们相信现在也是如此。然而，他并不笨。他出色的智慧、尖刻的讽刺、有趣的警句，或许我们应该说是给同时代人写的墓志铭，让他的艺术观像其误导的那样令人高兴，像其残缺的美那样令人着迷。

《新院长》

❦

整体上，皇家院士从未在比这个愉快的画廊更好的条件下出现过。弗尼斯先生已经展示出他们缺失了一丝幽默感。如果他们不这么严肃认真，那么他们创作的作品对世界来说就会是欢乐而不是沉闷。很难说他们是否从教训中获益，因为无趣已经变成了名望的基础，而严肃是肤浅唯一的避难所。

《皇家学院的溃败》

（弗尼斯可能指哈里·弗尼斯，英国艺术家和插图画家，王尔德的朋友）

# 二流的十四行诗

不入流的诗人绝对是迷人的。他们的韵律越差,看起来就越独特。只要发表了一本二流十四行诗集就能让这个人变得难以抗拒。他已经活得像首诗,虽然他写不出来。

《道林·格雷的画像》

我讨厌文学中庸俗的现实主义。如果一个人只会把铁锹叫作铁锹的话,那他只配被强迫使用铁锹,那是他唯一适合使用的工具。

《道林·格雷的画像》

## 二流的十四行诗

任何人都能写一部三卷长的小说，只需要完全无视生活和文学就可以了。

《身为艺术家的评论者》

❀

但是现在爱情不再流行，诗人已经把它毁了。他们写了太多有关爱情的东西，以至于没有人再相信爱情。

《神奇的火箭》

❀

在六月一个懒洋洋的晚上，最令人愉快的伙伴莫过于有着最甜美的声音却完全无话可说的诗人了。

《诗歌和毒药》（*Poetry and Prison*）
［评论威尔弗里德·布伦特[①]的《在强制下》（*In Vinculis*）］

---

[①] 威尔弗里德·布伦特（Wilfrid Blunt, 1840—1922），英国诗人、作家。

❧

青年作家的诗歌集通常是无法兑现的期票。

《关于叶芝[①]〈乌辛之浪迹〉》（*On Yeats's The Wandering of sin*）

（评论W. B. 叶芝的第一部诗集）

❧

虽然他一直都是位伟大的诗人，但是他也有他的局限。奇怪的是他的主要局限就在于他根本没感觉到有局限。他的诗歌对于他的主题来说几乎总是过于喧闹的。

《斯温伯恩[②]先生的最后一本诗集》

（*Mr Swinburne's Last Volume*）

（评论阿尔杰农·查尔斯·斯温伯恩的诗歌及民谣，第三本）

❧

任何人都能创造历史，只有伟人才能书写历史。

《身为艺术家的评论者》

---

[①] 威廉·巴特勒·叶芝（William Butler Yeats, 1865—1939），爱尔兰诗人、剧作家。
[②] 阿尔杰农·查尔斯·斯温伯恩(Algernon Charles Swinburne, 1837—1909)，英国诗人。

## 二流的十四行诗

❦

民众接受了艺术中既定的东西,因为他们无法将它改变,而不是因为欣赏。他们一口吞下所有的经典,但从未品味过。

《社会主义下人的灵魂》

❦

至于现代新闻业,捍卫它不是我的职责。它用达尔文"俗者生存[①]"的伟大原则证明了自己的存在。

《身为艺术家的评论者》

❦

这是决定性的一天,民众发现了笔杆子比铺路石更有威力,可以跟碎砖一样有攻击性。

《社会主义下人的灵魂》

---

① 英语原文为 the survival of the vulgarest,模仿"适者生存",用以讽刺。

❦

我承认现代小说有许多好的观点。但我坚持认为的是，作为一种文学类别它是让人无法忍受的。

《谎言的衰朽》

❦

支持现代新闻业有很多的话可以说。通过给我们提供未受教育的人的观点，它让我们与大众的无知保持联系。通过认真翔实地记录发生在当下生活中的事情，它给我们展示了这些事情其实是多么的不重要。

《身为艺术家的评论者》

❦

为了风格的华丽，它掩盖了这样一个事实：主题才是重要且令人钦佩的舰队街主笔作家的最高成就。

《谎言的衰朽》

## 二流的十四行诗

❋

善有善报,恶有恶报。那就是虚构的含义。

《认真的重要性》

❋

我不喜欢现代的自传。它们一般都是由那些要么完全失掉记忆,要么从没做过任何值得回忆的事情的人所写的。

《身为艺术家的评论者》

❋

现如今每个伟人都有信徒,但写传记的永远都是叛徒。

《身为艺术家的评论者》

❋

事实上,公众称之为健康的流行小说一直是完全不健康的产物。而公众称之为不健康的小说一直是美丽又健康的艺术作品。

《社会主义下人的灵魂》

❦

古代历史学家以事实形式给了我们令人愉悦的故事，而现代小说家以小说做伪装给我们呈现了无趣的事实。

《身为艺术家的评论者》

❦

实际上，公众有着无法满足的好奇心。他们想知晓一切，除了值得知晓的。新闻业注意到了这点，借着商人一样的习惯满足了他们的需求。

《社会主义下人的灵魂》

❦

在之前的几个世纪里，公众把记者的耳朵钉在了水泵上，这很令人惊骇。在本世纪，记者把自己的耳朵钉在了钥匙孔上，这更糟糕。

《社会主义下人的灵魂》

## 二流的十四行诗

❦

通常来说,我所说的评论家,当然,是上档次的评论家,是那些实际上为了六便士报纸而写作的人。他们远比那些要求他们评论作品的人有修养。

《身为艺术家的评论者》

❦

以前我们把崇拜的英雄神圣化,现在的方式是让他们庸俗化。虽然廉价的经典作品可能令人愉快,但是廉价的伟人是绝对可憎的。

《身为艺术家的评论者》

❦

如果诗歌忽略了他,哲学会注意到他的。

《根据沃尔特·惠特曼[①]所定的福音书》
(*The Gospel According to Walt Whitman*)
［评论惠特曼《十一月的树枝》(*November Boughs*)］

---

① 沃尔特·惠特曼(Walt Whiteman, 1819—1892),美国诗人。

❧

亨利·詹姆斯①（Henry James）先生好像把写小说当成了一项痛苦的任务，他工整的文体、巧妙的语句、机敏以及尖刻的讽刺都成了粗俗的动机和无关紧要观点的牺牲品。

《谎言的衰朽》

❧

在某些方面，狄更斯可能被比作哥特式大教堂的老雕塑家。因为他的艺术缺乏理智，所以是不完整的。但是老雕塑家们至少知道他们艺术的局限性，而狄更斯从来不知道他有局限。当他试着表达严肃认真时，却只成功地变为了无趣。当他为了阐述真理，他却只做到了老生常谈。

《关于狄更斯的一本新书》（*On A New Book on Dickens*）

❧

啊！谁能定义梅雷迪斯②（Meredith）？他的风格是被闪

---

① 亨利·詹姆斯（Henry James, 1843—1916），美国小说家。
② 乔治·梅雷迪斯（George Meredith, 1818—1909），英国作家、诗人。

## 二流的十四行诗

电照亮的一片混乱。作为作家，除了语言，他掌握了一切；作为小说家，除了清晰明了地讲故事，他无所不能。

《谎言的衰朽》

❀

我们担心劳特利奇（Routledge）先生的版本会卖得不太好。虽然印刷精良，包装精美，但是他的译者不懂法语。

《关于使用英语的巴尔扎克》（*On Balzac in English*）[评论塞萨尔的《巴尔扎克的英文小说》(*Balzac's Novels in English*)；劳特利奇是出版商；王尔德用流利的法语口述并写下的]

❀

虽然雄辩是美好的东西，但是修辞毁了很多评论家。西蒙兹[1]（Symonds）先生就是以修辞为主的。

《关于西蒙兹先生的〈本·琼森的人生〉》

（*On Mr Symonds's Life of Ben Jonson*）

（评论约翰·阿丁顿·西蒙兹的《本·琼森的人生》，未署名）

---

[1] 约翰·阿丁顿·西蒙兹(John Addington Symonds, 1840—1893)，英国诗人、评论家。

❧

英国民众喜欢冗长乏味，而且喜欢让事情以冗长乏味的方式被解释给他们听。

《道林·格雷的辩护》

❧

至于当代记者，他们总是私下里对公开批评的人道歉。

《社会主义下人的灵魂》

❧

如今，写诗的潮流太寻常了。如果可能的话应该被抑制。

《谎言的衰朽》

❧

我怕撰写新闻会对文体风格产生持续不良的影响。当人们进入那奇妙的、竞争激烈的新闻圈，人们会变得暴力、毒舌而且失去所有的分寸感。

《道林·格雷的辩护》

## 二流的十四行诗

《在路上》是最名过其实的。它就是新闻而已。它从来没让人听到它所描述的音乐,连一个音符都没有。题目是讨喜的,但是风格却一文不值、马马虎虎、缺乏力度。比奥奈特[①](Ohnet)的法语还糟糕。奥奈特试着变平庸,并且他成功了。而于斯芒斯[②](Huysmans)试着不变平庸,因为他本身就很平庸。

《瑞丁监狱的第四封信》

至于那些蹩脚文人,如果他们真的尊敬对罗赛蒂[③](Rossetti)的纪念,就让他们对他致以他最看重的崇敬吧,安静的崇敬。

《伟人的廉价版》

---

① 乔治·奥奈特(George Ohnet, 1848—1918),法国小说家。
② 查尔斯·玛丽·乔治斯·于斯芒斯(Charles Marie Georges Huysmans, 1848—1907),法国小说家。
③ 但丁·加布里尔·罗赛蒂(Dante Gabriel Rossetti, 1828—1882),英国画家、诗人。

❦

我非常高兴地看到，你已经开始注意到我们普通杂志作家极为马虎和敷衍的写作风格了。

《与最糟糕的作家在一起的半小时》

(*Half-Hours with the Worst Authors*)

❦

行动上有所限制是合情合理的，但艺术不应受限。所有众人可接受或不可接受的事物都属于艺术。即使是伦敦报纸的编辑也没有权利为了选题而限制艺术的自由。

《道林·格雷的辩护》

❦

实际上，在法国，虽然他们限制了记者的自由，但是却给了艺术家几乎完全的自由。而我们这里，给了记者绝对的自由，却完全限制了艺术家。

《社会主义下人的灵魂》

## 二流的十四行诗

❧

一个人应该怎样才会停下来聆听一个文学顽童对文学的认真研究？聆听一个男人的争吵和咒骂？这个男人傲慢的赞美就如同他无力的诽谤。抑或是聆听他毫不专业并且不负责任的侃侃而谈？

《给奎因·米勒[①]的信》

（*Letter to Joaquin Miller*，1882年2月28日）

❧

他没有敌人，也没有朋友喜欢他。

《关于乔治·萧伯纳[②]》

（*On George Bernard Shaw*，1886年9月）

---

[①] 辛辛纳特斯·海涅·米勒（Cincinnatus Heine Miller，1837—1913），美国诗人，他的笔名奎因·米勒（Joaquin Miller）更有名。
[②] 乔治·萧伯纳（George Bernard Shaw, 1856—1950），爱尔兰剧作家。

❦

文人的暴力总是特别的无力。

《关于马哈菲[①]先生的新书》(*On Mr Mahaffy's New Book*)

（评论J. P. 马哈菲的《希腊生活与思想》）

❦

生活因其真实性总是破坏艺术的主题。

《道林·格雷的辩护》

❦

没有任何国家跟英国一样产出了如此冗长而又普通的差劲小说，如此愚蠢粗俗的戏剧。

《社会主义下人的灵魂》

❦

亨斯坦顿夫人：我不知道他开始是怎么赚钱的。

---

[①] 约翰·彭特兰·马哈菲（John Pentland Mahaffy, 1839—1919），爱尔兰古典学者。

## 二流的十四行诗

凯尔维尔：我觉得是弄美国干货。

亨斯坦顿夫人：美国干货是什么？

伊林沃思勋爵：美国小说。

《无足轻重的女人》

❦

阿尔杰农：真相极为纯粹和简单。如果现代生活既不纯粹也不简单，那么现代生活会是冗长乏味的，而且现代文学也会是完全不可能的事情。

杰克：那倒不是件坏事。

阿尔杰农：我亲爱的伙伴，文学评论可不是你的强项，别尝试。应该把它留给没上过大学的人。他们在每日的报纸中写得很好。

《认真的重要性》

❦

评论家教育公众。艺术家教育评论家。

《道林·格雷的辩护》

❦

你应该研读下贵族—杰拉尔德（Gerald）。这是城市年轻人应该完全了解的，而且还是最好的一部英国小说。

*《无足轻重的女人》*

❦

如果你的手枪跟你的笔杆子一样无害，那么这个年轻的暴君会很长寿。

*《薇拉，或虚无主义者》*

❦

我确信你在文学方面前途一片光明。因为你好像是个很糟糕的采访者。我确信你肯定写诗。我的确非常喜欢你领带的颜色。

《素描》（*The Sketch*[①]）（访谈，1895）

---

① 《素描》是关注上层社会和贵族的英国周报。

## 二流的十四行诗

❦

相信我先生,看待艺术问题的时候,清教主义是无礼和毁灭性的。

《道林·格雷的辩护》

❦

无论是从生活的外衣上撕扯掉纠缠不清的散乱缝线,还是把水泥浆倒入空杯中,都是无价值的差事。毕竟,比起出于好心的笨拙的友好来破坏和塑造伟人的形象,我们只通过视野更好地了解了一位画家,通过词曲更好地了解了一位诗人。

《伟人的廉价版》

❦

奈特先生丝毫不理会罗塞蒂详尽的标点符号系统。事实上,他对一切风格的秘密和精妙表明了相当欢快的漠视。他以一种完全破坏诗句逻辑之美的方式进行了增添和删减。

《伟人的廉价版》

文学的旧风格就像服装的旧风尚一样令人愉快。与教皇时代的诗歌相比,我更喜欢搽脂抹粉时代的服装。

《英国女诗人》(*English Poetesses*)(散文随笔)

我没有成为适合普通读者的流行小说家的欲望,这过于简单。

《道林·格雷的辩护》

批评家撇清了自己做恶意攻击的嫌疑,但他仅仅是默认自己其实没有用批判的眼光审读任何文学作品,我不得不说,对于一个写文学评论的人来说,以上态度才是最恶毒的攻击。

《道林·格雷的辩护》

## 毯子和煤

自从采用了印刷术，这个国家的中产阶级和下层社会的阅读习惯有了变化，文学中有了这样的一种趋势：越来越吸引眼球，越来越不吸引耳朵。

《身为艺术家的评论者》

简，我根本不赞成给穷人文娱活动，毯子和煤就够了。

《无足轻重的女人》

## 毯子和煤

社会中只有一个阶级比富人更在意钱,那就是穷人。

《社会主义下人的灵魂》

虽然这是个悲伤的事实,但是毫无疑问,穷人们完全没意识到他们自己的独特。

《伦敦模特》

我很高兴她走了。她有坚定的中产阶级思想。

《神奇的火箭》

真的,如果下层阶级没给我们树立好榜样,那么他们还有什么作用呢?这一阶级的人好像完全没有道德责任感。

《认真的重要性》

❦

我十分理解英国老百姓对他们称为上层社会劣性的愤怒。百姓们觉得醉酒、愚蠢和不道德应该是属于他们自己的"财产"。如果我们中的任何一人做了蠢事,那么他就是在他们的领地上偷猎。

*《道林·格雷的画像》*

❦

贵族总是纸上谈兵。

*《薇拉,或虚无主义者》*

❦

"可怜的老头,"休吉(Hughie)说,"他看起来多么痛苦啊!但是我觉得对你们画家来说,他痛苦的脸就是他的价值所在,对吗?""当然了,"特里沃回答说,"你不会指望一个乞丐看起来快乐吧?"

*《当模特的百万富翁》*

## 毯子和煤

❦

栀子花和贵族头衔是他唯一的偏好。

《坎特维尔之鬼》

❦

巴斯顿夫人：啊！我讨厌被教育！

马奇蒙特夫人（Marchmont）：我也是。它几乎把一个人放到了跟商人阶级同一个水平线上，不是吗？

《理想的丈夫》

❦

"的确！常识，"火箭愤怒地说道，"你忘了我与众不同，而且非常神奇。"

《神奇的火箭》

❦

只有通过不付账单，一个人才有希望活在商人阶级的记忆中。

《年轻人所用的短语及人生哲学》

❀

伊林沃思勋爵,我确信,你认为缺乏教养的人不应该被允许有表决权吗?

《无足轻重的女人》

❀

有了合适的背景,女人就能做任何事。

《温夫人的扇子》

❀

我知道,当我从客厅出来的时候,我会感觉自己一无所有,除了一点点的好名声,仅够阻挡下层阶级透过马车窗户传来的令人难堪的审视目光。

《理想的丈夫》

## 毯子和煤

中产阶级在晚餐桌上传播他们的道德偏见。他们悄声议论着他们称为前辈的人的挥霍无度。这么做是为了假装他们处于上流社会，且熟知他们诽谤的人群。

《道林·格雷的画像》

我们不想因下层阶级的不良行为记述而受折磨和感到厌恶。

《谎言的衰朽》

至于道德高尚的穷人，人们自然可以同情他们，但却不可能钦佩他们。

《社会主义下人的灵魂》

❧

三种称呼总能激发自信，甚至是推销员的自信。

*《认真的重要性》*

❧

在这些现代的日子里，粗俗、目不识丁、普通和邪恶，似乎给了一个人极大的权利，而他的父亲从没考虑过这些权利。

*《薇拉，或虚无主义者》*

❧

塞西莉：没必要羞羞答答的。我就实话实说，见了铲子就叫铲子[①]。

格温德伦：我很高兴地说我从来没见过铲子。很明显我们的社交圈是截然不同的。

*《认真的重要性》*

---

① 英文原文为 call a spade a spade。

## 毯子和煤

他们那个时代爱尔兰文学的推动力来自于一个阶级,这个阶级认真对待百姓,把国家想象为幽默家的世外桃源,主要并不是因为政治原因。他们所做的并不完全错误,他们只是将一个不负责任的类型扩大到了整个国家的类型,并创造了爱尔兰时期。这种情况最常见于船夫、马车夫以及绅士们的仆人。

《一些文学笔记II》(*Some Literary Notes II*)[评论叶芝的《爱尔兰农民的童话和民间故事》(*Fairy and Folk Tales of the Irish Peasantry*)]

生活中的菲利士元素并不是对艺术理解的失败。可爱的人们,比如渔民、牧羊人、耕童、农民以及类似的人,他们对艺术一无所知,但他们才是世界上真正的精华。

《自深深处》

❦

啊！我真讨厌罗马人！他们粗鲁又普通，却给自己贵族的姿态。

《莎乐美》

❦

我看见了那位女教师一简。她太美，不适合待在任何体面的家庭中。

《无足轻重的女人》

❦

比起在地窖里谈论谋反，我更愿意在客厅里谈论丑闻。而且，我讨厌普通暴徒，身上一股大蒜味儿，抽着劣质烟草，起得早，只能吃一道菜。

《薇拉，或虚无主义者》

❦

我们的儿子现在做什么工作？英国三流城镇中一个小省级

银行里薪水微薄的职员。

《无足轻重的女人》

❦

根据善良粗俗的标准,想变善良显而易见是非常容易的。只需要一定量可耻的恐怖行为,对一定的想象思维的缺乏和对中产阶级的体面保持较低热情就可以了。

《身为艺术家的评论者》

❦

我认为克雷迪顿(Crediton)伯爵并不关心西里尔(Cyril)。他从没原谅他的女儿跟一个没有头衔的男人结婚。他是个非同寻常的旧贵族,骂起人来像小商贩,行为举止像农民。

《W. H.先生的画像》

❦

(你)出生在或至少被养在一个手提包里,不管这个包带不带把,我都觉得这是对一般体面的家庭生活的藐视,会让人想起法国大革命的种种恶行。

《认真的重要性》

相信我,王子。在一个好的民主国家里,每个人都应是贵族。但这些试图将我们逐出的俄国人不比我们保护区里的动物好,大多数都应该被射死。

《薇拉,或虚无主义者》

坎特维尔家族有着高贵的血统,是英国最高贵的血统了。但是我知道你们美国人不在乎这种事情。

《坎特维尔之鬼》

六点半!这算什么时间!那是吃高茶或者读英国小说的时间。必须是七点钟。没有哪位绅士在七点前吃饭的。

《道林·格雷的画像》

# 毯子和煤

亨斯坦顿夫人：我听说你们美国也有令人愉快的社交圈。有些地方很像我们这里的，儿子写信告诉我的。

赫斯特：亨斯坦顿夫人，跟其他地方一样，美国也有很多小圈子。但是真正的美国社交圈仅由我们国家所有善良的女人和男人组成。

亨斯坦顿夫人：多么明智的规则！而且我猜那也非常令人愉快。恐怕在英国我们有太多人为的社交障碍。对中产阶级和下层阶级，我们就没考虑那么多。

《无足轻重的女人》

# 罪恶与玩世不恭

我确定牧师自己都不能像你那样说出如此美丽的东西,尽管他住在三层房子里,小指上还戴着金戒指。

《忠实的朋友》

为神学信仰而死是一个人对自己生命最差的使用方法。

《W. H. 先生的画像》

"宗教?""信仰的时髦替换。"

《道林·格雷的画像》

## 罪恶与玩世不恭

❦

给我们赦免的是忏悔,而不是牧师。

《道林·格雷的画像》

❦

塞西莉·格雷厄姆(Cecil Graham):愤世嫉俗的人什么样?

达林顿(Darlington)伯爵:知道每样东西的价格却不知道每样东西的价值。

《温夫人的扇子》

❦

他们非常爱我——单纯忠诚的人们。给他们一个新的圣人,没什么损失。

《薇拉,或虚无主义者》

当宗教被证明是真实的,它们会灭亡。科学是灭亡宗教的记录。

《年轻人所用的短语及人生哲学》

布道坛上和讲台上肤浅的发言者和思考者经常谈论世界上对快乐的崇拜,并对它发牢骚。

《社会主义下人的灵魂》

告诉一个人他是罪人是最徒劳的。

《道林·格雷的画像》

在个人发展中,色彩感甚至比是非感要重要。

《身为艺术家的评论者》

## 罪恶与玩世不恭

❦

斯塔特菲尔德（Stutfield）夫人：没有什么比家庭生活更美好了，是吗？

凯尔维尔（Kelvil）：它是我们英国道德体制的支柱。没有它，我们就会变得跟我们的邻居们一样了。

《无足轻重的女人》

❦

在极重要的事情中，派头才是关键，而不是真诚。

《认真的重要性》

❦

邪恶是好人编造的故事，用来解释其他人好奇的吸引力。

《年轻人所用的短语及人生哲学》

❦

一切罪恶都是粗俗的，正如一切粗俗都是罪恶。

《道林·格雷的画像》

❦

我亲爱的瑞秋（Rachel），大多数聪明人总是有趣的。然而共同的认知很有趣，但共同的道德却毫无意义。

《无足轻重的女人》

❦

良心和胆怯真的是同一回事。良心是公司的商标，仅此而已。

《道林·格雷的画像》

❦

良心就是怯懦在逃离战场时在盾牌上潦草地留下的名字。

《帕都瓦公爵夫人》

❦

即使对于那些把慈善当作他们信仰中很正式的一部分的人来说，它也会衍生出许多邪恶。

《身为艺术家的评论者》

罪恶与玩世不恭

❧

说教的男人通常是伪君子,说教的女人总是庸脂俗粉。

《温夫人的扇子》

❧

一点真诚是危险的事情,而很多真诚绝对是致命的。

《身为艺术家的评论者》

与女人最不相配的就是不信国教的良心。

《温夫人的扇子》

❧

感伤只是愤世嫉俗的公共假日。

《自深深处》

❧

圣人与罪人之间唯一的区别就是:每位圣人都有过去,每名罪人都有未来。

《无足轻重的女人》

❧

我无法理解现代的人们怎么对助理牧师如此的狂热。在我那个年代,我们女孩看着他们当然像兔子一样跑来跑去。我几乎不用说,但是我们从没注意过他们。但是我听说如今的乡村社会到处都有他们。我觉得这是最不合乎宗教的。

《理想的丈夫》

❧

"你讲得真好!"米勒的妻子说道,给她自己倒了一大杯温麦芽啤酒,"真的,我感觉昏昏欲睡,就像在教堂里一样。"

《忠实的朋友》

❧

保持清醒很难,尤其是在教堂里。

《坎特维尔之鬼》

## 罪恶与玩世不恭

❦

经验就是每个人对自己错误的命名。

《温夫人的扇子》

一个潮湿的星期天,一个身披雨衣的粗鲁的基督徒破伞下面一张惨白的脸,从嘴里歇斯底里地喊出一句警句,直冲云霄。

《道林·格雷的画像》

❦

一个人感到绝对确信的东西从来都不是真的。那是信仰的天命,浪漫的教训。

《道林·格雷的画像》

❦

如今,人们能幸存于一切,除了死亡;能够忘记任何事,除了好名声。

《无足轻重的女人》

❦

我们这个时代的两个弱点是原则的缺乏和形象的缺失。

《认真的重要性》

❦

19世纪的服装是可恶的。它是如此的暗淡,如此的令人沮丧。罪恶是留在现代生活中的唯一真实的色彩元素。

《道林·格雷的画像》

❦

现代的道德包含接受所处时代的标准。我认为,有文化的人接受的时代标准就是最不道德的形式。

《道林·格雷的画像》

❦

还有,我记得,一位牧师想变成疯子,还是一个疯子想变成牧师,我忘了是哪个了。

《无足轻重的女人》

## 罪恶与玩世不恭

❦

看到问题两面性的人是什么都完全没看到的人。

《身为艺术家的评论者》

❦

实际上,你应该想想我。我总在想着自己,我也期望其他人都这么做。那就是所谓的同情心。它是一种美好的品德。而我又很有同情心。

《神奇的火箭》

❦

只有肤浅的人才需要许多年来摆脱一种情绪。

《道林·格雷的画像》

❦

被称为罪恶的东西是进步必不可少的元素。没有了罪恶,世界将会停滞,或变老,或变无趣。

《身为艺术家的评论者》

礼貌先于道德。

《温夫人的扇子》

年轻的时候,她就发现了一个真理:没有什么比轻率看着更像纯真。通过一系列的冒险行为,其中半数是无伤大雅的,她获得了所有社会名流的特权。

《亚瑟·萨维尔勋爵的罪行》

唯一支撑一个人度过一生的理由,就是意识到其他人远远比不上自己。这种感觉就是我一直在培养的。

《神奇的火箭》

谋杀总是个错误。一个人永远不应该做任何不能在晚饭后

## 罪恶与玩世不恭

讨论的事情。

《道林·格雷的画像》

❧

无聊是严肃时代的到来。

《年轻人所用的短语及人生哲学》

❧

王子真是个共产主义者！他将有同等分量的罪恶和财富。

《薇拉，或虚无主义者》

❧

如果一个人说实话，那么他迟早会被发现。

《年轻人所用的短语及人生哲学》

❧

道德仅是我们对不喜欢的人所采取的态度。

《理想的丈夫》

我们不能再回顾圣人了，罪人身上有更多值得学习的地方。

《身为艺术家的评论者》

❧

没有道德或不道德的书。书有写得好的，有写得不好的，仅此而已。

《道林·格雷的画像》

真诚真是个错误！

《薇拉，或虚无主义者》

❧

给建议总是件愚蠢的事情，但是给好的建议绝对是决定性的。

《W.H.先生的画像》

## 罪恶与玩世不恭

❦

他们够傻的,给自己定了原则,结果却没有足够的运气去遵守它们。

《中国圣人》(*A Chinese Sage*)

(评论孔子的人生)

❦

所有的多余以及所有的放弃,都带来了各自的惩罚。

《道林·格雷的辩护》

❦

他们的结局都不好。而且显示了普遍的利他主义的结果跟普遍的利己主义一样不好。

《中国圣人》

❦

切!我讨厌抽象而又空洞的道德规范。

《坎特维尔之鬼》

❀

世上几乎没有什么事情比悲惨地活着和痛快地死去更容易。

《薇拉,或虚无主义者》

❀

我没为钱出卖自己。我花高价购买了成功。

《理想的丈夫》

❀

至于真理是什么?就宗教信仰而言,仅仅是存留下来的观点而已。

《谎言的衰朽》

❀

当人们跟我想法一致时,我总觉得我一定错了。

《身为艺术家的评论者》

## 罪恶与玩世不恭

❦

只要战争被认为是邪恶的,那么它将永远有魅力。

《身为艺术家的评论者》

❦

人们永远不该在任何事情上有所偏袒。偏袒是真诚的开始,之后认真紧随其后。然后人就变得令人厌烦。

《无足轻重的女人》

❦

所有好的决定都有致命弱点,它们总是被太快做出。

《年轻人所用的短语及人生哲学》

❦

犯罪与文化间没有本质上的不协调。我们无法为了满足我们应有的道德感而重写全部历史。

《身为艺术家的评论者》

❧

肉体的罪恶没什么。如果它们应该被治疗的话，那么它们是医生要治的病。只有灵魂的罪恶是可耻的。

《自深深处》

❧

冷漠是世界对庸人的报复。

《薇拉，或虚无主义者》

❧

英国的犯罪行为很少是罪恶的结果，几乎都是由饥饿导致的。

《身为艺术家的评论者》

❧

轻率是英勇中较好的部分。

《身为艺术家的评论者》

### 罪恶与玩世不恭

❦

不危险的主意根本不值得被称为主意。

《身为艺术家的评论者》

❦

当一个人以自己身份说话时,他最不像自己。给他戴个面具,他就会告诉你真相。

《身为艺术家的评论者》

❦

我们都身处阴沟,但仍有人仰望星空。

《温夫人的扇子》

世界是个舞台,但是戏却演得不好。

《亚瑟·萨维尔勋爵的罪行》

世界上唯一恐怖的事情就是无聊,那是唯一无法原谅的罪过。

《道林·格雷的画像》

在无知的人的灵魂中总有好主意的位置。

《自深深处》

生活不过是由许多美妙的瞬间组成的糟糕的一瞬间。

《无足轻重的女人》

# 提高谈吐

## 与奥斯卡·王尔德对话

除了他的写作和评论,王尔德还因他的谈吐,尤其是他的风趣幽默而被人熟知和崇拜。下面所选的是他言语中的瑰宝,其中一些是从同样夺目的信件中选择的。并不一定所有内容都出自他手,但许多是在他生前记录下来的或是他死后由熟悉他的人回忆的。

❦

除了我的天赋,我没什么可申报的。

[巡回讲座途经美国海关,收录在弗兰克·哈里斯[①](Frank Harris)的《奥斯卡·王尔德》(1918)中]

---

① 弗兰克·哈里斯(Frank Harris, 1856—1931),爱尔兰裔美国作家、记者。

## 提高谈吐

❦

我发现每天要想不辜负我的青瓷越来越难了。

（1877年在牛津）

❦

足球对于粗野的女孩来说是一项很好的游戏，但是却几乎不适合娇弱的男孩子。

[收录在阿尔文·雷德曼（Alvin Redman）的《奥斯卡·王尔德语录》（*The Epigrams of Oscar Wilde*）（1952）中]

❦

运动唯一可能的形式就是说话，而不是走路。

雷德曼《奥斯卡·王尔德语录》

❦

我从不打板球，因为它得让人摆出这些不雅的姿势。

[收录在《布卢姆斯伯里引文专题词典》（*The Bloomsbury Thematic Dictionary of Quotations*）（1988）中]

工作是对喝酒一族的诅咒。

（被认为是出自王尔德之口）

啊，好吧，那么我想我得死无分文了。

[在他最后患病得知手术医疗费的时候所说。收录在R. H. 谢拉德[1]（R. H. Sherard）的《奥斯卡·王尔德生平》（1906）中]

瓶中的胎儿。

[描述一位无名的名人。收录在伦纳德·克雷斯韦尔·英格尔比（Leonard Cresswell Ingleby）的《奥斯卡·王尔德：一些往事》（*Oscar Wilde: Some Reminiscences*）（1907）中]

---

[1] 罗伯特·哈伯勒·谢拉德（Robert Harborough Sherard, 1861—1943），英国作家、记者。

## 提高谈吐

❦

有时，抽烟的人是不同的。抽雪茄的都是相似的。

（当被问及为什么抽烟而不抽雪茄时的回答。收录在英格尔比《奥斯卡·王尔德：一些往事》中）

❦

极致造就成功。

（谈话中）

❦

有些人无论到哪里都能带来快乐，而其他人无论什么时候离开都能带来快乐。

（未知来源）

❦

如果你用钢夹夹住一张五英镑钞票当作诱饵，然后把它放在离嘴边三四英寸的地方，你就能捕获他的灵魂。

（描述一位不知名的作家和表演者。收录在英格尔比的《奥斯卡·王尔德：一些往事》中）

我的名字里有两个O、两个F和两个W。注定众口相传的名字绝不能太长，否则广告费太贵。如果一个人不出名，许多基督教的名字都是很有用的，甚至也许很有必要。当一个人出了名，丢掉几个名字，就像气球驾驶者一样，随着气球的升高，丢掉不必要的沉重物。除了五个名字中的两个，其他的都被扔了。很快我就要再扔掉一个，仅仅被认作是"王尔德"或"奥斯卡"。

[未知来源。他的名字是奥斯卡·芬格尔·奥弗莱厄蒂·威尔斯·王尔德（Oscar Fingal O'Flahertie Wills Wilde），而如今他经常仅仅被称为"奥斯卡"]

我的品位最简单。我总是满足于最好的。

[收录在埃德加·索尔特斯（Edgar Saltus）的《奥斯卡·王尔德：一位闲人的印象》（*Oscar Wilde: An Idler's Impression*）（1917）中]

## 提高谈吐

❧

我的墙纸跟我正决一死战,不是它走就是我走。

(巴黎左岸一家旅馆他去世时住的房间,1900年11月)

❧

告诉我,你跟他(马克斯·比尔博姆)单独在一起的时候,斯芬克斯是把脸拿掉露出了面具吗?

[给小说家艾达·利弗森[①](Ada Leverson)("斯芬克斯")的信,收录在她的《王尔德给斯芬克斯的信以及作者的回忆录》(*The Sphinx from Oscar Wilde and Reminiscences of the Author*)(1930)中]

❧

我有时觉得上帝在造人的时候有点高估了自己的能力。

(巴黎谈话中)

---

① 艾达·利弗森(Ada Leverson, 1862—1933),英国作家。

我有个重大发现，摄入足够的酒精，会产生各种陶醉的效果。

（谈话中）

孵化前数鸡的数量的人非常明智，因为鸡一旦孵出来，就会到处乱窜，不可能准确地数出来。

（来自巴黎的一封信，1900年5月）

虽然被及时告诫，但詹姆斯和我一样仍然无法理解：伟大就要被误解。

（1885年2月王尔德写给画家詹姆斯·麦克尼尔·惠斯勒的信。）

## 奥斯卡·王尔德生平大事年表

1854年　　　　10月15日生于都柏林,威廉姆·王尔德(后称威廉姆爵士,Sir William)三个孩子中的次子。威廉姆是一位著名的外科医生,而他的妻子简(Jane)是一位诗人,曾发表过诗作。

1864—1871年　就读位于弗马纳郡(Fermanagh)恩尼斯其林(Enniskillen)的普托拉皇家学校,此学校仅招收男孩。

1871—1874年　获得了都柏林圣三一学院奖学金,攻读古典文学专业。王尔德受到了他的导师J. P.马哈菲(后来被称为牧师约翰爵士,Rev. Sir John)的影响,称其为"我的第一位,也是最好的一位老师"。

1874—1878年　最后一年获得了圣三一学院最高学术奖项伯克利金奖，并获得了牛津大学莫德林学院奖学金。

1878年　在牛津大学的最后一年凭借《拉韦纳》（Ravenna）获得了纽迪吉特诗歌奖。这件事以及在古典学上获得了双重一等荣誉学位，使王尔德饮誉校内外。

1881年　发表了他的第一本诗集。

1882年　1月3日他开始在美国和加拿大巡回演讲。

1883年　在纽约，出席了他的剧作《薇拉，或虚无主义者》的首演之夜，但该剧未获成功。

1884年　5月29日与康斯坦斯·劳埃德（Constance Lloyd）结婚。他们有两个儿子：1885年出生的西里尔（Cyril）和1886年出生的维维安（Vyvyan）。

1887年　担任《妇女世界》（The Lady's World）杂志的编辑，

## 奥斯卡·王尔德生平大事年表

他的名字醒目地出现在封面上。

1888年　　出版了一部童话故事集《快乐王子与其他故事》。

1890年　　6月20日在《利平科特杂志》（*Lippincott's Magazine*）上发表了第一版《道林·格雷的画像》。次年，王尔德的这部唯一的小说以图书形式出版。

1891年　　《帕都瓦公爵夫人》（*The Duchess of Padua*）于1月26日在纽约首演。出版了第二部童话故事集《石榴屋》（*A House of Pomegranates*）以及一部幽默神秘故事集《亚瑟·萨维尔勋爵的罪行与其他故事》（*Lord Arthur Savile's Crime, and Other Stories*）。与阿尔弗莱德·道格拉斯勋爵，也就是著名的"波西"相识。波西是第八代昆斯伯里侯爵的小儿子。王尔德和道格拉斯很快便开始了一场热烈、持久，却常分分合合的恋情。

1892年　　《温夫人的扇子》于2月22日在伦敦圣詹姆斯剧院首演。

| | |
|---|---|
| 1893年 | 《无足轻重的女人》于4月19日在伦敦秣市剧院首演。 |
| 1895年 | 《理想的丈夫》于1月3日在伦敦秣市剧院首演；《认真的重要性》于2月14日在伦敦圣詹姆斯剧院首演。此时的王尔德处在名誉的巅峰。 |
| 1895年 | 不听朋友劝告，却在波西的怂恿下，对波西的父亲昆斯伯里侯爵提起刑事诉讼。起诉侯爵失败后，王尔德被捕。4月26日，指控他犯严重猥亵罪的审判开始。他不认罪，结果陪审团无法做出裁决。接着进行了第二次审判。5月25日，王尔德被判两年劳役。起初他在本顿维尔监狱服役，然后在旺兹沃思监狱，最后转到最著名的瑞丁监狱。某种程度上，是因为昆斯伯里的报复，使他破了产，妻子康斯坦斯也跟他离了婚，还把她和两个儿子的姓都改成了霍兰（Holland）。 |
| 1896年 | 1891年用法语写成的《莎乐美》（*Salomé*），曾在英国申请演出执照被拒，于1896年首次在巴黎上演。 |

## 奥斯卡·王尔德生平大事年表

1897年　　1月到3月期间，他给阿尔弗莱德·道格拉斯勋爵写了一封长长的信①。信中辛辣地讽刺了他的虚荣、冷酷、傲慢和自私。狱方没有允许他把这封信寄出去，但允许他保留这封信直到出狱。

1897年　　5月19日出狱的王尔德搬去了巴黎，化名为"塞巴斯蒂安·梅尔莫斯"。他和波西重修旧好，然而没过几个月，他们的关系又破裂了，一定程度上是因为受到了昆斯伯里的威胁。

1898年　　《瑞丁监狱之歌》是以笔名"C.3.3"发表（王尔德的狱中监号，表示C号监狱楼，三层，三号牢房）。直到1899年6月才以王尔德的名字出现。

1900年　　王尔德在临终之前加入了天主教，于11月30日因脑膜炎在巴黎美术街阿尔萨斯旅馆去世，被安葬在法国西

---

① 后来出版为书信集《自深深处》。

南部的巴涅公墓。

1905年　罗伯特·罗斯（Robert Ross）出版了《自深深处》。修订时，王尔德对波西的大部分斥责都被删除了。即便如此，后者还是断绝了与罗斯的一切往来。这封五万字的书信全文最终于1962年出版。

1909年　7月20日王尔德的遗体从巴涅公墓移出，重新在巴黎的拉雪兹神父国家公墓下葬。参加葬礼的有王尔德的小儿子维维安·霍兰和他忠诚的老朋友罗伯特·罗斯。雅各布·爱普斯坦（Jacob Epstein）为此雕刻了一座狮身人面像的现代雕塑，这座置于墓顶上的纪念碑于1911年揭幕。

## 奥斯卡·王尔德作品一览表

这里只列出了少量的王尔德的作品,这些都是在他生前集结成册并已经出版的书籍,而他的评论或附带的文章都没有列出。

《拉韦纳》,纽迪吉特奖获奖诗歌,1878。

《诗集》,王尔德的第一本书和第一部诗集,1881。

《薇拉,或虚无主义者》(戏剧),写于1880年,1883年首演。

《快乐王子与其他故事》(《快乐王子》《夜莺与玫瑰》《自私的巨人》《忠实的朋友》《神奇的火箭》),1888。

《亚瑟·萨维尔勋爵的罪行与其他故事》(《坎特维尔之鬼》《没有秘密的斯芬克斯》《当模特的百万富翁》《W. H. 先

生的画像》），1891。

《石榴屋》（《少年国王》《西班牙公主的生日》《渔人和他的灵魂》《星孩》），1891。

《意图集》（Intentions）（收集的文章：《谎言的衰朽》，1889；《笔杆子、画笔和毒药：对绿色的研究》，1891；《身为艺术家的评论者》《面具下的真实：关于假象的笔记》，1885），1891。

《帕都瓦公爵夫人》（戏剧），写于1883年，1891年首演。

《莎乐美》（戏剧），1891；英文版由阿尔弗莱德·道格拉斯勋爵翻译，由奥布里·比尔兹利做插图，1894年以《莎乐美：一幕悲剧》的名字出版；法语版于1896年首演。

《温夫人的扇子：有关一个好女人的戏》（戏剧），写于1892，于1892年在伦敦首演。

《无足轻重的女人》（戏剧），写于1893年，于1893年首演。

《斯芬克斯》（诗），1894。

《散文诗》（Poems in Prose），1894。

《理想的丈夫》（戏剧），写于1895年，于1895年首映。

《认真的重要性：给严肃的人的小喜剧》（戏剧），写于1895，于1895年首演。

《瑞丁监狱之歌》，C.3.3, 1898。

**去世后出版的作品**

《自深深处》，罗伯特·罗斯删减版，1905；王尔德《作品集》（*Collected Works*）的罗斯扩展版，1908。维维安·霍兰于1949年出版了全文，但其中包含了许多罗斯的错误。完整的原文于1962年最终出现在鲁伯特·哈特·戴维斯版的《王尔德书信》中。

《一段佛罗伦萨的悲剧》和《神圣的妓女》（*La Sainte Courtisane*），这两本未完成的戏剧分别写于1893年和1894年，罗斯1908年的《作品集》里首次收录。

# 作者简介

玛丽亚·利奇（Maria Leach），1919年在约翰·霍普金斯大学获得民间传说专业的博士学位，之后她先后在芬克和瓦格诺出版公司，麦格劳·希尔公司从事编辑工作，她编写了很多民间传说、神话故事和传奇类的图书，并因此而出名。20世纪50年代末退休，直到1977年去世前不久仍在编写图书。生前她还担任美国民间传说协会委员，并且是人类学、社会学、神话故事等相关协会的成员。她出版的书包括：《墓地里的口哨：毛骨悚然的民间传说》《床尾上的东西》《狮子打喷嚏：关于猫的传说和神话》《白痴、傻瓜和笨蛋》《米迦勒·欧马拉图书出版社的讽刺艺术》等。